Godet Pflanzenführer

ALPEN-PFLANZEN

Band I

BLUMEN DER ALPEN-WIESEN UND -WEIDEN

152 Arten, 608 Farbfotos, viersprachiges Register

Mosaik Verlag

© Arboris Verlag, CH-3032 Hinterkappelen / Bern, 1993
(Auslieferung für die Schweiz) ISBN 3–905039–06–1

Vertrieb der deutschsprachigen Ausgabe (Ausser in der Schweiz):	Mosaik Verlag GmbH, München, 1993 ISBN 3–576–10189–6

Ektachrome-Entwicklung:	Colorlabor Zumstein, Bern
Fotolithos:	Schwitter AG, Basel
Gestaltung, Satz:	Arboris Verlag, Hinterkappelen
Belichtung:	Bund, Belichtungsservice, Bern
Druck und buchbinderische Verarbeitung:	Brepols, Fabrieken N.V., Turnhout

Printed in Belgium

Einleitung

Mit der fortschreitenden Gefährdung und Bedrohung unserer Lebensräume wächst auch in zunehmendem Masse das Interesse an unserer Pflanzen- und Tierwelt. Immer mehr Menschen möchten die heimische Pflanzenwelt kennenlernen, sind aber oft überfordert, anhand von wissenschaftlichen Beschreibungen eine noch unbekannte Art zu identifizieren – und damit kennenzulernen.

In den bisher im Grossformat erschienenen Godet Pflanzenführern wurde mit Hilfe einer neuartigen Bilddarstellung die Möglichkeit geschaffen, den Einstieg ins Pflanzenreich so zu erleichtern, dass eine unbekannte Art innerhalb kürzester Zeit bestimmt werden kann.

Damit dies auch in der freien Natur leichter fällt, haben wir uns dazu entschlossen, mit der genau gleichen Darstellungsform eine Pflanzenführerreihe im Taschenformat zu entwickeln.

Das charakteristische Erscheinungsbild eines Krautes oder einer Staude wird durch die Wuchsform des Stengels, die Gestalt, Gliederung und Anordnung der Laubblätter, Anordnung und Färbung der Blüten und durch die Früchte gekennzeichnet. Alle diese Organe können entsprechend den vorherrschenden Umweltbedingungen in ihrer Ausbildung verschiedenartig ausgebildet sein. So verkleinert sich zum Beispiel die Wuchshöhe mit zunehmender Meereshöhe. Auch kommt es in höher gelegenen Lagen zu einer intensiveren Blütenfärbung.

Für eine korrekte Bestimmung betrachten wir vor allem die Blüten und Laubblätter. Ihre genaue Beschreibung ist Voraussetzung dafür, dass bei späterem Kennenlernen im Felde keine Fehler unterlaufen.

Im vorliegenden Band werden über 150 häufige Arten, die auf Alpenwiesen und -Weiden wachsen, vorgestellt. Im ersten Teil sind sie mit Namen und Bildern aufgeführt, im zweiten mit je einer ausführlichen Beschreibung.

Da bei den meisten von ihnen die Blütenfarbe das auffälligste Merkmal darstellt, wurden 5 Gruppen mit weissen, gelben, roten, blauen und grünen Blüten gebildet. Innerhalb dieser Gruppen findet eine Feingliederung mit Hilfe der Blütenform und der Laubblattformen statt. Bei der Zusammenstellung wurde darauf geachtet, dass einander ähnliche Pflanzen auf der gleichen Farbtafel zu finden sind. Schliesslich sei darauf hingewiesen, dass in den Alpen mehr Arten wachsen, als hier gezeigt werden können. Die Vorstellung auch dieser Pflanzen hätte den Rahmen dieses Werkes gesprengt.

Gebirgsbildung und Pflanzenwelt

Die Geschichte unserer Gebirge und ihrer Pflanzen umfasst Zeiträume, die für uns kaum fassbar sind. In den mehr als 3 Milliarden Jahren seit der Entstehung unserer Erde entstanden in der Erdurzeit und der Erdfrühzeit die Urozeane, Urkontinente und gleichzeitig die ersten Pflanzen und Tiere. Es folgten das Erdaltertum (vor 600 Millionen Jahren bis vor 270 Millionen Jahren), das Erdmittelalter (vor 270 Millionen Jahren bis vor 70 Millionen Jahren) und die Erdneuzeit (Beginn vor 70 Millionen Jahren).

Gegen Ende des Erdaltertums entstehen baumhohe Farne, Bärlappe, bis zu 20 m hohe Schachtelhalme und urtümliche Nacktsamer – die Vorfahren unserer Nadelhölzer.

Das Erdmittelalter wird vor allem durch die Spaltung des Urkontinents Pangäa in die Kontinente Laurasien (Grosskontinent auf der Nordhalbkugel mit Nordamerika, Europa, Nordasien) und Gondwana (Grosskontinent der Südhalbkugel mit Südamerika, Afrika, Vorderasien, Australien und Antarktis) gekennzeichnet. Dazwischen liegt ein als Tethys bezeichneter Meeresarm. Die einige tausend Meter dicken Korallen- und Algenablagerungen bilden später das Material für Bergmassive. Saurier, altertümliche Nadelbäume, Ginkgo-Arten und verschiedene Blütenpflanzen prägen das Leben auf dem Land. Gegen Ende dieses Erdzeitalters spalten sich die beiden Grosskontinente. Wie riesige Eisberge schwimmen die neu entstandenen Landteile auf zähflüssigen inneren Erdschichten und treiben auseinander oder bewegen sich gegeneinander, wie dies zum Beispiel bei Afrika und Europa der Fall ist. Beim unvermeidlichen Zusammenprall werden die dazwischenliegenden Gesteinsmassen aufgefaltet und übereinander geschoben.

In der Erdneuzeit wird die Auffaltung der Alpen, des Appenins, des Atlasgebirges, der Gebirge auf der Balkanhalbinsel, der Karpaten, des Kaukasus und der Hochgebirge Zentralasiens vollendet. Während der ersten Hälfte dieser Erdzeit herrschen sehr artenreiche subtropische und tropische Wälder mit Kiefern, Palmen, Sumpfzypressen, Mammutbäumen, üppig wachsenden Farnen, Zimt- und Kampferbäumen vor. Die Riesensaurier sind zu dieser Zeit bereits ausgestorben und an ihre Stelle sind neue Säugetierarten, Insekten und zahlreiche Reptilien getreten. In der 2. Hälfte sinkt die durchschnittliche Jahrestemperatur von früher 22 Grad Celsius um ungefähr 10 Grad. Die tropischen und subtropischen Wälder sterben aus und werden durch eine Vielzahl von Nadelhölzern und sommergrünen Laubbäumen ersetzt. In der Folge sinkt die Temperatur immer weiter und die Gletscher beginnen zu wachsen. Verschiedene Eiszeiten wechseln mit Zwischeneiszeiten ab. Durch diese gewaltigen Klimaveränderungen wird das ehemals subtropische und tropische Pflanzenkleid auf der Alpennordseite vollständig zerstört. Wegen der ostwestlichen Ausrichtung unserer Alpen hatten die Pflanzen keine Möglichkeit, nach Süden auszuweichen, wie dies in Nordamerika und Ostasien der Fall war. Da dort die Gebirgsketten in nordsüdlicher Richtung verlaufen, war ein Ausweichen in südlichere und damit wärmere Gebiete möglich. Nach den Eiszeiten konnten dort viele Arten ihre alten Siedlungsräume ohne grosse Probleme wieder besiedeln, was bei uns nicht möglich war. Dies ist der Hauptgrund dafür, dass Wälder in Nordamerika und Ostasien viel artenreicher sind, als bei uns.

Nach dem Rückzug der Gletscher bedeckt eine waldlose Moor- und Tundrenvegetation das Land. Wälder sind wegen der auf der Alpennordseite noch vorherrschenden kurzen und kühlen Wachstumszeit nur südlich der Alpenkette möglich. Die nun frei gewordenen Bergregionen werden einerseits durch zurückkehrende Gebirgsarten – sie waren nach der Gebirgsbildung bei uns eingewandert – aus dem mediterranen (z.B. Krokus, Margerite, Wundklee) und zentralostasiatischen Bergland (z.B. Enzian, Eisenhut) besiedelt, andererseits durch die früher bereits in den Alpen lebenden Arten. Pflanzen aus asiatischen Steppengebieten können noch so lange ungehindert zuwandern, solange keine Wälder den Weg versperren. Von ihnen sind wärmeliebende Arten noch heute in den zentralalpinen Trockentälern zu finden. Auch weniger kältempfindliche Arten, wie die Vorfahren unseres Edelweiss, finden in den Rasengesellschaften unserer Alpen ideale Lebensbedingungen.

Die Fichte oder Rottanne überdauerte die Eiszeiten in den Ostalpen und breitete sich vor ungefähr 6000 Jahren gegen den Bodensee aus. Aber erst vor 3000 bis 4000 Jahren eroberte der für uns so wichtige Nadelbaum unsere Nordalpen.

Die Höhenstufen der Vegetation

Kolline Stufe (= Hügelstufe):

- Bis auf eine Höhe von 600 m im Mittelland, 700 m im Alpenvorland, 800 m und 900 m in den Zentral- und Südalpen.
- Mittlere Jahrestemperatur zwischen 8°C und 12°C.
- Dauer der Vegetationszeit über 250 Tage.
- Gekennzeichnet vor allem durch Laubmischwälder.
- In tieferen Lagen Eichen-Hagebuchenwälder, in wärmsten Gebieten auf kalkhaltigen Böden Flaumeichenwälder, in Trockengebieten Föhrenwälder, in höheren Lagen Buchenmischwälder.
- Alpensüdfuss auf kalkarmen Böden Eichenmischwälder; heute vielfach durch Kastanienwälder ersetzt.

Montane Stufe (Bergstufe):

- Bis auf eine Höhe von 1'200 m und 1'300 m auf der Alpennordseite, bis 1'300 m und 1'500 m in den Zentralalpen, bis 1'500 m und 1'700 m in den Südalpen.
- Mittlere Jahrestemperatur zwischen 4°C und 8°C.
- Dauer der Vegetationszeit über 200 Tage.
- Gekennzeichnet durch Buchen-, Buchen–Tannen- und Tannenwälder. Föhrenwälder in den Zentralalpen.
- In mehr kontinentalen Gebieten bildet die Fichte die natürliche Waldgrenze.

Subalpine Stufe (Gebirgsstufe):

- Bis auf eine Höhe von 1'700 m in den Nordalpen, bis 1'900 m und 2'400 m in den Zentralalpen, bis 1'800 m und 2'000 m in den Südalpen.
- Mittlere Jahrestemperatur zwischen 1°C und –2°C.
- Dauer der Vegetationszeit zwischen 100 und 200 Tage.
- Gekennzeichnet durch subalpine Fichtenwälder.
- In den inneren Alpenketten folgt über dem Fichtenwald der Arven-
- Lärchenwald; am Übergang zur alpinen Stufe wachsen Zwergstrauchgebüsche mit Alpenrose, Wacholder, Krähenbeere u.a.m.; Alpenerlen an feuchten und schattigen Stellen (meist nordexponierte Lagen); auf Kalkböden Bergföhrenwälder und Legföhrenbestände.

Alpine Stufe:

- Sie umfasst die baumlosen oberen Lagen der Alpen und reicht von der
- Baumgrenze bis zur natürlichen Schneegrenze (= Grenze, bei welcher im Sommer der Schnee auf horizontalen Flächen noch schmilzt).
- In vielen Büchern werden die Gebiete oberhalb der natürlichen Schneegrenze als nivale Stufe von der alpinen Stufe abgegrenzt.
- Klimatische Schneegrenze zwischen 2'400 m und 3'200 m.
- Dauer der Vegetationszeit unter 100 Tage.
- Gekennzeichnet in den unteren Lagen durch Zwergstrauchbestände (mit Alpenrose, Krähenbeere, Alpenazalee)) und darüber durch alpine Rasen, deren Artenzahl gegen die Gipfel zu immer mehr abnimmt.

1 Allermannsharnisch
Ail victorial
Alpine Leek
Allium victoriális L.

2 Weisse Trichterlilie
Lis des alpes
St. Bruno's Lily
Paradísea liliástrum (L.) BERTOL

3 Krokus, Frühlings-Safran
Crocus printanier
Purple Crocus
Crocus albiflórus KIT.ex SCHULT

4 Penninisches Täschelkraut
Tabouret des Alpes
Alpine Penny-cress
Thláspi sylvium, T. alpínum

5 Alpen Gänsekresse
Arabette des Alpes
Alpine Rockcress
Árabis alpína L.

6 Ungleichblättriges Labkraut
Gaillet à feuilles inégales
Bedstraw
Gálium anisophýllum VILL.

7 Sendtners Alpen Mohn
Pavot des Alpes
White Alpine Poppy
Papáver alpínum (P. séndtneri)

8 Kriechendes Gipskraut
Gypsophile rampante
Alpine Gypsophila
Gypsóphila répens L.T.

9 Gelbes Seifenkraut
Saponaire jaune
Yellow Soapwort
Saponária lútea L.

10 Kriechendes Gipskraut
Gypsophila rampante
Alpine Gypsophila
Gypsóphila répens L.

11 Bewimperte Nabelmiere
Moehringie ciliée
Sandwort
Moehríngia ciliáta (SCOP.) D.T.

12 Knöllchen-Knöterich
Renouée vivipaire
Alpine Bistort
Polýgonum vivíparum L.

13 Trauben-Steinbrech
Saxifrage
Live long Saxifrage
Saxífraga paniculáta MILLER

14 Fleischroter Mannsschild
Androsace à couleur de chair
Rock-jasmine
Andrósace cárnea L. s.l.

15 Zottiger Mannsschild
Androsace velue
Androsace
Andrósace villósa L.

16 Bewimperter Mannsschild
Androsace petit-jasmin
Androsace
Andrósace chamaejásme

17 Sternblütiger Steinbrech
Saxifrage étoilée
Starry Saxifrage
Saxífraga stelláris L.

18 Achtkronblättrige Silberwurz
Dryade à huit pétales
Mountain Avens
Dryas octopétala L.

19 Alpen-Hahnenfuss
Renoncule des Alpes
Alpine Buttercup
Ranúnculus alpéstris L.

20 Alpen-Gemskresse
Hutchinsie des Alpes
Chamois Cress
Hutchínsia alpína (L.) R. BR.

21 Platanenblättriger Hahnenfuss
Renoncule à feuilles de platane
Large White Buttercup
Ranúnculus platanifólius L.

22 Eisenhutblättriger Hahnenfuss
Renoncule à feuilles d'aconit
Aconite-leaved Buttercup
Ranúnculus aconitifólius L.

23 Narzissenblütiges Windröschen
Anémone à fleurs de narcisse
Narcissus-flowered Anemone
Anemóne narcissiflóra L.

24 Alpen-Anemone
Anémone vernale
Alpine Pasque flower
Pulsatílla alpína (L.) DELABRE

25 Gefurchter Steinbrech
Saxifrage nervée
Saxifrage
Saxífraga exaráta VILL.

26 Berg-Laserkraut
Laser des montagnes
Sermountain
Laserpítium síler L.

27 Grosse Sterndolde
Grande astrance
Great Masterwort
Astrántia májor L.

28 Kleine Sterndolde
Petite astrance
Lesser Masterwort
Astrántia mínor L.

29 Heilwurz, Hirschheil
Séséli libanotis
Moon Carrot
Séseli libanótis (L.) KOCH

30 Hallers Laserkraut
Laser hérissé
Haller Sermountain
Laserpítium hálleri CRANTZ

31 Behaarte Augenwurz
Athamante de Crète
Spignel
Athamánta creténsis L.

32 Silberdistel, Eberwurz
Carline acaule
Stemless Carline
Carlína acaúlis L.

33 Alpen-Berufkraut
Vergerette des Alpes
Alpine Fleabane
Erígeron alpínus L.

34 Berg-Margerite
Marguerite des montagnes
Mountain Daisy
Leucánthemum adústum (KOCH)

35 Gewöhnliche Margerite
Grande marguerite
Ox-eye Daisy
Leucánthemum vulgáre LAM.

36 Alpen-Margerite
Chrysanthème des Alpes
Alpine Marigold
Chrysánthemum alpínum L.

37 Edelweiss
Etoile des Alpes, Edelweiss
Edelweiss
Leontopódium alpínum CASS.

38 Gemeines Katzenpfötchen
Pied de chat
Mountain Everlasting
Antennária dioíca GAERTNER

39 Schneeweisse Pestwurz
Pétasite
Alpine Butterbur
Petasítes paradóxus BAUMG.

40 Alpen-Kratzdistel
Cirse très épineux
Mountain Thistle
Círsium spinosíssimum SCOP.

41 Schwarzrandige Schafgarbe
Achillée noire
Dark-stemmed Sneezewort
Achilléa atráta L.

42 Moschus-Schafgarbe
Achillée musquée
Milfoil
Achilléa moscháta WULF

43 Clavenas Schafgarbe
Achillée de Clavena
Clavena Milfoil
Achilléa clavénea L.

44 Zwerg-Schafgarbe
Achillée naine
Dwarf Milfoil
Achilléa nána L.

45 Niedlicher Augentrost
Euphraise
Eyebright
Euphrásia pulchélla KERNER

46 Schnee-Klee
Trèfle nivale
Trefoil
Trifólium niv́ale SIEBER

47 Bleicher Klee
Trèfle pâlissant
Trefoil
Trifólium palléscens SCHREBER

48 Alpen-Tragant
Astragale des Alpes
Alpine Milk-vetch
Astrágalus alpínus L.

49 Weissorchis, Weisszüngel
Orchis miel
Small-white Orchid
Leucórchis álbida E. MEYER

50 Gemeines Brillenschötchen
Herbe à lunettes
Buckler Mustard
Biscutélla laevigáta L.

51 Immergrünes Felsenblümchen
Drave faux-aizoon
Yellow Whitlow-grass
Drába aizoídes L.

52 Gelber Alpenmohn
Pavot des Alpes (rhétique)
Rhaetian Poppy
Papáver alpínum L.

53 Mauerpfeffer-Steinbrech (hell)
Saxifrage faux-aizoon
Yellow saxifrage
Saxífraga aizoídes L.

54 Mauerpfeffer-Steinbrech (dunkel)
Saxifrage faux-aizoon
Yellow saxifrage
Saxífraga aizoídes L.

55 Geflecktes Johanniskraut
Millepertuis à quatre angles
Imperforate St John's Wort
Hypéricum maculátum CRANTZ

56 Alpen Mauerpfeffer
Orpin des Alpes
Alpine Stonecrop
Sédum alpéstre VILL.

57 Grossblütiges Fingerkraut
Potentille à grandes fleurs
Cinquefoil
Potentílla grandiflóra L.

58 Berg-Hahnenfuss
Renoncule des montagnes
Mountain Buttercup
Ranúnculus montánus WILLD. s.l.

59 Gold-Fingerkraut
Potentille dorée
Golden Cinquefoil
Potentílla aúrea L.

60 Silber-Fingerkraut
Potentille argentée
Hoary Cinquefoil
Potentílla argéntea L.

61 Schlitzblättriges Fingerkraut
Potentille multilobée
Cinquefoil
Potentílla multifída L.

62 Europäische Trollblume
Trolle d'Europe
Globeflower
Tróllius europaéus L.

63 Berg-Hahnenfuss
Renoncule des montagnes
Mountain Buttercup
Ranúnculus montánus WILLD. s.l.

64 Hahnenfuss-Hasenohr
Buplève fausse-renoncule
Hare's-ear
Bupleúrum ranunculoídes L.

65 Gelber Enzian
Gentiane jaune
Great Yellow Gentian
Gentiána lútea L.

66 Berg-Nelkenwurz
Benoîte des montagnes
Alpine Avens
Géum montánum L.

67 Schwefel-Anemone
Anémone soufrée
Pasque Flower
Pulsatílla sulphúrea (L.) DT. et S.

68 Aurikel, gelbe Felsen-Primel
Primevère auriculée
Auricula
Prímula aurícula L.

69 Echtes Veilchen, Feld-Veilchen
Pensée sauvage
Wild Pansy
Víola trícolor L.

70 Gebirgsveilchen
Pensée sauvage (subalpine)
Wild Pansy
Víola trícolor ssp. subalpína

71 Grossblütiger Fingerhut
Digitale à grandes fleurs
Large Yellow Foxglove
Digitális grandiflóra MILLER

72 Strauss-Glockenblume
Campanule thyrsoide
Yellow Bellflower
Campánula thyrsoídes L.

73 Getüpfelter Enzian
Gentiane ponctuée
Spotted Gentian
Gentiána punctáta L.

74 Arnika
Arnica des montagnes
Arnica
Árnica montána L.

75 Alpen-Goldrute
Verge d'or des Alpes
Alpine Goldenrod
Solidágo virgaúrea L. ssp. minút

76 Fuch's Kreuzkraut
Séneçion de Fuchs
Ragwort
Senécio fúchsii GMELIN

77 Grossköpfige Gemswurz
Doronic à grandes fleurs
Large-flowered Leopard's-bane
Dorónicum grandiflórum LAM.

78 Clusiu's Gemswurz
Doronic de Clusius
Leopard's-bane
Dorónicum clúsii (ALL.) TAUSCH

79 Alpen-Kreuzkraut
Séneçon des Alpes
Alpine Ragwort
Senécio alpínus (L.) SCOP.

80 Gemswurz-Kreuzkraut
Séneçon doronic
Chamois Ragwort
Senécio dorónicum L.

81 Felsen-Kreuzkraut
Séneçon des rochers
Rock Ragwort
Senécio rupéstris W.u.K.

82 Ebereis-Kreuzkraut
Séneçon à feuilles d'aurone
Ragwort
Senécio abrotanifólius L.

83 Graues Kreuzkraut
Séneçon blanchâtre
Grey Ragwort
Senécio incánus L.

84 Grauzottiges Habichtskraut
Epervière glanduleuse
Hawkweed
Hierácium pilíferum HOPPE s.l.

85 Berg-Pippau
Crépide des montagnes
Hawksbeard
Crépis pontána (L.) D.T.

86 Einköpfiges Ferkelkraut
Porcelle monocéphale
Catsear
Hypochoéris uniflóra VILL. s.l.

87 Stengelumfassendes Habichtskraut; Epervière amplexicaule
Sticky Hawkweed
Hierácium amplexicáule L.

88 Schabenkraut-Pippau
Crépide des Pyrénées
Leafy Hawk's-beard
Crépis pyrenáica (L.) GREUTER

89 Weissliches Habichtskraut
Epervière fausse chicorée
Hawkweed
Hierácium intybáceum ALL.

90 Alpen-Löwenzahn
Liondent des montagnes
Mountain Hawkbit
Leóntodon montánum LAM.

91 Zwerg-Pippau
Crépide naine
Hawk's-beard
Crépis pygmaéa L.

92 Ysopblättriges Gliedkraut
Sideritis à feuilles d'hysope
Sideritis
Sideritis hyssopifólia L.

93 Zottiger Klappertopf
Rhinante crête-de-coq
Greater Yellow Rattle
Rhinánthus alectorólophus

94 Kleinblütiger Augentrost
Euphraise naine
Eyebright
Euphrásia mínima JACQ. ex DC

95 Alpen-Wundklee
Anthyllide vulnéraire (des Alpes)
Alpine Kidney Vetch
Anthýllis vulnerária ssp. alpéstris

96 Alpen-Hornklee
Lotier des Alpes
Alpine Trefoil
Lótus alpínus L.

97 Braun-Klee
Trèfle bai
Brown Clover
Trifólium bádium SCHREBER

98 Feld-Spitzkiel
Oxytropis champêtre
Yellow Oxytropis
Oxýtropis campéstris (L.) DC

99 Blattreiches Läusekraut
Pédiculaire feuillée
Leafy Lousewort
Pediculáris foliósa L.

100 Knolliges Läusekraut
Pédiculaire tubéreuse
Lousewort
Pediculáris tuberósa L.

101 Türkenbundlilie
Lis martagon
Martagon Lily
Lílium mártagon L.

102 Schwarzblütiges Männertreu
Nigritelle noire
Black Vanilla Orchid
Nigritélla nígra (L.)RCHB.

103 Feuerlilie
Lis à bulbilles
Orange Lily
Lílium bulbíferum L.

104 Rundblättriges Täschelkraut
Tabouret à feuilles rondes
Round-leaved Penny-cress
Thláspi rotundifólium (L.)GAUD.

105 Wald-Weidenröschen
Epilobe à feuilles étroites
Rosebay Willow-herb
Epilóbium angustifólium L.

106 Fleischers Weidenröschen
Epilobe de Fleischer
Fleischer's Willow-herb
Epilóbium fleischeri HOCHST.

107 Steinschmückel
Pétrocallis des Pyrénées
Petrocallis
Petrocállis pyrenáica (L.) BR.

108 Rundblättriges Fettkraut
Orpin courbé
Stonecrop
Sédum anacámpseros L.

109 Gemeine Hauswurz
Joubarbe des toits
Hen-and chickens Houseleek
Sempervívum tectórum L.

110 Spinnweb-Hauswurz
Joubarbe à toile d'araignée
Houseleek
Sempervívum arachnoídeum L.

111 Gletscher-Nelke
Oeillet des glaciers
Alpin Pink
Diánthus glaciális HAENKE

112 Stein-Nelke
Oeillet girofle
Stone Pink
Diánthus sylvéstris WULF.

113 Alpen-Grasnelke
Arméria des Alpes
Thrift
Arméria alpína WILLD.

114 Stengelloses Leimkraut
Silène acaule
Moss Campion
Siléne acaúlis (L.) JACQ.

115 Felsen-Primel
Primevère velue
Hairy primrose
Prímula hirsúta ALL.

116 Zwerg-Primel
Primevère
Least Primrose
Prímula mínima L.

117 Leberbalsam, Steinbalsam
Erine des Alpes
Fairy Foxglove
Erínus alpínus L.

118 Gegenblättriger Steinbrech
Saxifrage à feuilles opposées
Purple Saxifrage
Saxífraga oppositifólia L.

119 Gletscher-Hahnenfuss
Renoncule des glaciers
Glacier Buttercup
Ranúnculus glaciális L.

120 Grosse Bibernelle
Grand boucage
Greater Burnet
Pimpinélla májor (L.) HUDS.

121 Purpur-Enzian
Gentiane pourpre
Purple Gentian
Gentiána purpúrea L.

122 Gemeines Katzenpfötchen
Antennaire dioïque
Mountain Everlasting
Antennária dioíca GAERTNER

123 Berg-Distel
Chardon de montagne
Thistle
Cárduus deflorátus L. s.l.

124 Nickende Distel
Chardon penché
Musk Thistle
Cárduus nútans L.

125 Federige Flockenblume
Centaurée nervée
Knapweed
Centauréa nervósa WILLD.

126 Stengellose Kratzdistel
Cirse acaule
Dwarf Thistle
Círsium acaúle SCOP.

127 Alpen-Aster
Aster des Alpes
Alpine Aster
Áster alpínus L.

128 Gold-Pippau
Crépide dorée
Golden Hawk's-beard
Crépis aúrea (L.) CASS.

129 Reichdrüsiges Berufkraut
Vergerette glanduleuse
Fleabane
Erígeron átticus VILL.

130 Einköpfiges Berufkraut
Vergerette uniflore
Fleabane
Erígeron uniflórus L.

131 Alpen-Klee
Trèfle des Alpes
Alpine Clover
Trifólium alpínum L.

132 Jacquins Spitzkiel
Oxytropis de Jacquin
Jacquin Milk-Vetch
Oxýtropis jacquínii BUNGE

133 Berg-Esparsette
Esparsette des montagnes
Mountain Sainfoin
Onóbrychis montána DC.

134 Süssklee
Sanfoin sombre
Alpine Sainfoin
Hedýsarum hedysaroídes SCH.

135 Bartschie, Braunhelm
Bartsie des Alpes
Alpine Bartsia
Bártsia alpína L.

136 Alpen-Leinkraut
Linaire des Alpes
Alpine Toadflax
Linária alpína (L.) MILLER

137 Alpen-Ehrenpreis
Véronique des Alpes
Alpine Speedwell
Verónica alpína L.

138 Blattloser Ehrenpreis
Véronique aphylle
Speedwell
Verónica aphýlla L.

139 Felsen-Ehrenpreis
Véronique buissonnante
Rock Speedwell
Verónica frúticans JACQ.

140 Halbstrauchiger Ehrenpreis
Véronique fruticuleuse
Speedwell
Verónica fruticulósa L.

141 Glänzende Skabiose
Scabieuse luisante
Shining Scabious
Scabiósa lúcida VILL.

142 Alpen-Vergissmeinnicht
Myosotis alpestre
Alpine Forget-me-not
Myosótis alpéstris SCHMIDT

143 Langsporniges Stiefmütterchen
Violette éperonnée
Violet
Víola calcaráta L.

144 Kochs Enzian
Gentiane acaule
Trumpet Gentian
Gentiána acáulis L. s.str.

145 Frühlings-Enzian
Gentiane printanière
Spring Gentian
Gentiána vérna L.

146 Bärtige Glockenblume
Campanule barbue
Bearded Bellflower
Campánula barbáta L.

147 Rundköpfige Rapunzel
Raiponce orbiculaire
Round-headed Rampion
Phytéuma orbiculáre L.

148 Alpen-Tragant
Astragale des Alpes
Alpine Milk-Vetch
Astrágalus alpínus L.

149 Gewöhnlicher Germer
Ellébore blanc
False Helleborine
Verátrum álbum L.

150 Alpen-Frauenmantel, Silbermantel; Alchémille des Alpes;
Alpine Lady's mantle
Alchemílla alpína L. s.l.

151 Alpen-Wegerich, Adelgras
Plantain des Alpes
Alpine Plantain
Plantágo alpína L.

152 Sternblütiges Hasenohr
Buplèvre en étoile
Hare's-ear
Bupleúrum stellátum L.

1 Allermannsharnisch – Allium victoriális L.

Merkmale: Von Juni bis August blühend und 30–60 cm hoch; Stengel rund.
Standort: In der subalpinen und alpinen Stufe in steinigen Matten, an felsigen Hängen, auch in Zwergstrauchgesellschaften auf mässig trockenen bis sickerfeuchten, meist basenreichen (aber oft kalkfreien) und humosen Stein- und Lehmböden.
Laubblätter: 10–20 cm lang, 2–5 cm breit, breit lanzettlich bis schmal oval, undeutlich 1–2 cm lang gestielt, oft röhrig hohl und zu 1–3 an der Pflanze wachsend; stark nach Lauch riechend.
Blütenstand: Dichtblütige und kugelige Scheindolde; vor Blühbeginn mit einer Hülle.
Blüten: Perigonblätter 6, bis 6 cm lang, nicht verwachsen, am Ende stumpflich oder zugespitzt, weiss bis gelblich; Staubblätter 6 und aus der Blütenhülle herausragend; Fruchtknoten oberständig und mit einem dreinarbigen Griffel.
Früchte: Kapseln

2 Weisse Trichterlilie – Paradísea liliástrum (L.) BERTOL

Merkmale: Von Juni bis Juli blühend und 20–50 cm hoch; Wurzeln nicht rübenartig verdickt; Pflanze ausdauernd.
Standort: In der montanen und subalpinen (seltener alpinen) Stufe in trockenwarmen Hügeln, Fettwiesen und an Felsen auf frischen bis feuchten, tiefgründigen, kalkarmen bis kalkreichen und auch gedüngten Böden; besonders in den Zentral- und Südalpen.
Laubblätter: Schmal linealisch, 20–40 cm lang, bis 10 mm breit, langsam zugespitzt und alle grundständig; im Bereich des Blütenstandes nur kleine Blätter vorhanden.
Blütenstand: Einseitswendige Traube aus 3–10 Blüten bestehend.
Blüten: Perigonblätter 6, bis 6 cm lang, nicht verwachsen, lanzettlich bis oval, weiss und mit 3 sich an der Spitze vereinigenden Adern; Staubblätter 6; Fruchtknoten oberständig und Griffel mit einer verdickten Narbe.
Früchte: 3fächerige und lederige Kapseln mit jeweils zahlreichen Samen in jedem Fach.

3 Krokus, Frühlings-Safran – Crócus albiflórus KIT. ex SCHULT

Merkmale: Von März bis Juni blühend, bis 15 cm hoch; Knollen mit Fasern umgeben.
Standort: Vor allem in der montanen und subalpinen Stufe in Wiesen und Weiden auf frischen, nährstoff- und basenreichen, mässig sauren bis neutralen, humosen und tiefgründigen Ton- und Lehmböden; ziemlich häufig und jeweils zahlreich auftretend; bis in die Gebirge der Balkanhalbinsel reichend.
Laubblätter: 5–15 cm lang, bis 3 mm breit, mit nach unten gewölbten Rändern, mit weisser Mittelader und grundständig angeordnet.
Blütenstand: 1–2blütig, seltener mehrblütig und grundständig.
Blüten: Perigonblätter 6, miteinander zu einer langen Röhre verwachsen, mit den freien Teilen einen Trichter bildend, bis 4 cm lang und weiss bis violett; Staubblätter 3; Fruchtknoten unterständig; auf dem Griffel 3 Narbenschenkel mit krausem Rand.
Früchte: Dreifächerige und vielsamige Kapseln.

4 Penninisches Täschelkraut – Thláspi sylvium, T. alpínum CRANTZ

Merkmale: Von Juni bis August blühend, 5–15 cm hoch und mit meist ausläuferartig verlängerten Trieben.
Standort: In der subalpinen und alpinen Stufe auf steinigen Weiden und im Felsschutt (auf Silikatgestein).
Laubblätter: Grundständige bis 5 cm lang, schmal spatelförmig und an der Spitze abgerundet; Stengelblätter bis 2 cm lang, lanzettlich bis schmal oval, zugespitzt, sitzend und den Stengel meist umfassend.
Blütenstand: Traube am Ende des Triebes kopfförmig.
Blüten: Kelchblätter 4, schmal oval, grünlich und mit oft weisslichen Rändern; Kronblätter 4, oval bis 12 mm lang und weiss; Staubblätter 6; Fruchtknoten oberständig und aus 2 Fruchtblättern zusammengewachsen.
Früchte: Schötchen schmal geflügelt, etwas ausgerandet und am Grunde keilförmig.

5 Alpen Gänsekresse – Árabis alpína L.

Merkmale: Von März bis Oktober blühend, 10–25 cm hoch, ausdauernd und mit sterilen Blattrosetten.
Standort: Von der montanen bis in die alpine Stufe in Schutthalden, Felsspalten, im Geröll, in tieferen Lagen auch in Schluchtwäldern oder herabgeschwemmt im Flusskies auf sickerfrischen, meist kalkhaltigen, wenig humosen und meist ruhenden Steinschuttböden.
Laubblätter: Grundständige breit oval bis oval, bis 5 cm lang, kurz gestielt, zugespitzt und grob gezähnt.
Blütenstand: Vielblütige Traube, die sich nach der Blütezeit verlängert.
Blüten: Kelchblätter 4, grünlich, bis 4 mm lang und kahl oder mit einzelnen Haaren; Kronblätter 4, weiss, verkehrt eiförmig, meist kurz gestielt und bis 10 mm lang; Staubblätter 6; Fruchtknoten aus 2 Fruchtblättern verwachsen und oberständig.
Früchte: 2–6 cm lange Schoten mit zahlreichen Samen.

6 Ungleichblättriges Labkraut – Gálium anisophýllum VILL.

Merkmale: Von Juni bis September blühend, 5–20 cm hoch, liegend oder aufsteigend, dichte Rasen bildend und mit zahlreichen nichtblühenden Trieben.
Standort: Von der montanen bis in die alpine Stufe in Wiesen, Weiden und Felsspalten auf trockenen bis frischen, steinigen Ton-, Lehm- und Geröllböden.
Laubblätter: Diejenigen der nichtblühenden Sprosse klein, eiförmig, gelblichgrün und mit Randborsten; Blätter der blühenden Sprosse zu 5–8, quirlständig angeordnet, lineal lanzettlich, gegen das Ende zu verbreitert und plötzlich zugespitzt.
Blütenstand: Wenig- bis vielblütige Thyrse mit breit pyramidalem bis schirmförmigem Aussehen.
Blüten: Kelchblätter 4, grün; Krone 4teilig, verwachsen, mit kurzer Röhre und 4 ausgebreiteten Zipfeln; Staubblätter 4; Fruchtknoten unterständig.
Früchte: 1–1,5 mm lang und in 2 Teilfrüchte zerfallend.

7 Sendtners Alpen Mohn – Papáver alpínum L. s.l. (P. séndtneri)

Merkmale: Im Juli blühend, 5–25 cm hoch, ausdauernd, mit mehrköpfigem Rhizom.
Standort: In der alpinen Stufe auf Moränen, in Kalk-Grobschutthalden und Alluvionen auf beweglichem Felsschutt mit sehr langer Schneebedeckung; ein Schuttkriecher.
Laubblätter: In grundständiger Rosette; die einzelnen Blätter sind beiderseits etwas behaart, bis auf die Mittelader ein- bis zweifach fiederteilig, graugrün und mit mehreren lanzettlichen Abschnitten (Fiedern 1. Ordnung höchstens 3 mm lang).
Blütenstand: Stengel einblütig.
Blüten: Kelchblätter 2, oval, stumpf, ganzrandig, braun behaart, die Kronblätter ganz umschliessend und zur Blütezeit abfallend; Kronblätter 4, oval bis rundlich, bis 25 mm lang, ganzrandig oder wellig, ungestielt und weiss; Staubblätter zahlreich; Fruchtknoten oberständig und aus zahlreichen Fruchtblättern zusammengesetzt.
Früchte: Kapseln 10–15 mm lang und mit 5 nur wenig herablaufenden Narbenstrahlen.

8 Kriechendes Gipskraut – Gypsóphila répens L. T.

Merkmale: Von Mai bis August blühend, 10–25 cm hoch, niederliegend bis aufsteigend und ausdauernd.
Standort: In der subalpinen und alpinen Stufe in Schutthalden, Bachrunsen, an Bachufern und im Kies der Alpenflüsse auf feuchten bis zeitweise überfluteten, lockeren und kalkreichen Böden.
Laubblätter: 1–3 cm lang, sehr schmal lanzettlich, gegenständig; keine Nebenblätter.
Blütenstand: Rispenartig/doldentraubig ausgebildet.
Blüten: Kelchblätter 5, miteinander verwachsen, 2–4 mm lang, kahl und mit 5 spitzen Zähnen; Kronblätter 5, weisslich oder rötlich gefärbt, 5–10 mm lang, verkehrt eiförmig, vorn abgerundet oder etwas ausgerandet, gestielt und miteinander nicht verwachsen; Staubblätter 10; Fruchtknoten oberständig und mit 2 Griffeln.
Früchte: Kapseln 3–5 mm lang und sich mit 4 Zähnen öffnend.

9 Gelbes Seifenkraut – Saponária lútea L.

Merkmale: Von Juli bis August blühend, 5–12 cm hoch, ausdauernd, mit vielköpfigem Rhizom und kurz behaart.
Standort: In der alpinen Stufe in Rasen, auf Felsbändern und bei Schutthängen auf lockeren, steinigen, frischen bis mässig trockenen und kalkreichen Böden.
Laubblätter: Linealisch oder schmal lanzettlich, 1–4 cm lang, zugespitzt, unterseits mit einer deutlich hervortretenden Hauptader, auf den Flächen kahl, am Rande bewimpert und gegenständig angeordnet; mit steriler Blattrosette.
Blütenstand: Kopfförmig mit kurz gestielten Blüten.
Blüten: Kelchblätter 5, verwachsen, 6–12 mm lang, im unteren Bereich mehrheitlich weisslich, dicht wollig behaart, mit gleichartigen Zähnen; Kronblätter 5, hellgelb bis blass-schwefelgelb; Staubblätter 10; Fruchtknoten oberständig und mit freien Griffeln.
Früchte: Kapseln 6–10 mm lang.

10 Kriechendes Gipskraut – Gypsóphila répens L.

Merkmale: Von Mai bis August blühend, 10–25 cm hoch, niederliegend bis aufsteigend und ausdauernd.
Standort: In der subalpinen und alpinen Stufe in Schutthalden, Bachrunsen, an Bachufern und im Kies der Alpenflüsse auf feuchten bis zeitweise überfluteten, lockeren und kalkreichen Böden.
Laubblätter: 1–3 cm lang; Pflanze im Gegensatz zu Nr. 8 mit **hellgrünen Blättern**.
Blütenstand: Rispenartig/doldentraubig ausgebildet.
Blüten: Kelchblätter 5, miteinander verwachsen, 2–4 cm lang, kahl und mit 5 spitzen Zähnen; Kronblätter 5, weisslich oder rötlich gefärbt, 5–10 cm lang, verkehrt eiförmig, vorn abgerundet oder etwas ausgerandet, gestielt und miteinander nicht verwachsen; Staubblätter 10; Fruchtknoten oberständig und mit 2 Griffeln.
Früchte: Kapseln 3–5 mm lang und sich mit 4 Zähnen öffnend.

11 Bewimperte Nabelmiere – Moehríngia ciliáta (SCOP.) D.T.

Merkmale: Von Juli bis August blühend, 2–15 cm hoch und mit kriechendem bis aufsteigendem Stengel.
Standort: In der alpinen Stufe verbreitet im Felsschutt auf frischen bis feuchten, lockeren, steinigen und kalkreichen Böden; eine mittel- und südeuropäische Gebirgspflanze.
Laubblätter: Bis 1 cm lang, schmal lanzettlich, meist etwas fleischig, mit 1–3 undeutlichen Adern, im oberen Bereich meist kahl, gegen den Grund zu kurz bewimpert, gegenständig angeordnet und dunkelgrün gefärbt.
Blütenstand: Vielfach Einzelblüten oder zu 2 bis 3 am Ende der Stengel.
Blüten: Kelchblätter 5, schmal oval, stumpf oder zugespitzt, kahl, ein- bis dreiaderig und grün; Kronblätter 5, länger als die Kelchblätter, oval, weiss, miteinander nicht verwachsen und ganzrandig. Staubblätter 10; Fruchtknoten oberständig und mit 3 Griffeln.
Früchte: Kapseln mit zahlreichen Samen; diese mit einem kleinen Anhängsel.

12 Knöllchen-Knöterich – Polýgonum vivíparum L.

Merkmale: Von Juni bis August blühend, 5–30 cm hoch und oft mit schlangenartig gewundenem Rhizom.
Standort: In der subalpinen und alpinen Stufe in Wiesen, Borstgrasweiden und Magerrasen auf trockenen bis feuchten, basenreichen, oberflächlich meist entkalkten und humosen Stein- und Lehmböden; auch Brutknöllchenvermehrung.
Laubblätter: 2–7 cm lang, lanzettlich oder schmal oval, lang zugespitzt, mit nach unten umgerollten Rändern, oberseits mit meist etwas vertiefter Mittelader, im unteren Teil der Pflanze gestielt und im oberen Bereich sitzend.
Blütenstand: Endständige, lockerblütige und schmale Ähre; unten mit kleinen Bulbillen.
Blüten: Zwittrig oder eingeschlechtig; Pflanze auch einhäusig und zweihäusig; Perigonblätter 5, weiss und 2–4 mm lang; Fruchtknoten oberständig.
Früchte: Nüsse dreikantig und dunkelgrün gefärbt.

13 Trauben-Steinbrech – Saxifrága paniculáta MILLER

Merkmale: Von Mai bis Juli blühend, 5–45 cm hoch, ausdauernd und mit den Rosetten lockere Rasen bildend.
Standort: In der subalpinen und alpinen Stufe in Felsspalten und Rasen auf mässig trockenen bis trockenen, basenreichen und meist kalkhaltigen Steinböden.
Laubblätter: Diejenigen der Rosetten bis 5 cm lang, meist spatelförmig, am Ende stumpf oder zugespitzt, fein und regelmässig gezähnt, unten etwas bewimpert; Blütenstielblätter ähnlich den Rosettenblätter, aber kleiner und wechselständig angeordnet.
Blütenstand: Vielblütige Rispe mit bis 5 Blüten pro Ast.
Blüten: Kelchblätter 5, am Rande mit Drüsen, den Kronblättern anliegend und am Ende zugespitzt oder stumpf; Kronblätter 5, oval bis rundlich, weiss, mit meist roten Punkten; Staubblätter 10; Fruchtknoten aus 2 Fruchtblättern zusammengesetzt.
Früchte: Vielsamige Kapseln.

14 Fleischroter Mannsschild – Andrósace cárnea L. s.l.

Merkmale: Von Juni bis August blühend, 3–12 cm hoch und lockere Rosetten bildend.
Standort: Von der montanen bis in die alpine Stufe in lückigen Rasen, auf Felsschutt besonders in den Westalpen auf ziemlich feuchten, kalkarmen und humosen Böden; besonders auf Silikat.
Laubblätter: 0,5–3 cm lang, 1–3 mm breit, lanzettlich, ganzrandig oder mit zähnchenartigen Ausbuchtungen, besonders am Rand behaart und unterhalb der Mitte am breitesten.
Blütenstand: Doldenartig auf deutlichem Schaft.
Blüten: Kelch 5teilig, 2–6 mm lang und spärlich behaart; Kronblätter 5, rosa oder weiss, 4–8 mm lang und mit meist vorn abgerundeten Zipfeln; Staubblätter 5, in der Krone angewachsen; Fruchtknoten oberständig.
Früchte: Kugelige oder eiförmige Kapseln.

15 Zottiger Mannsschild – Andrósace villósa L.

Merkmale: Von Juni bis Juli blühend, 3–10 cm hoch, ausdauernd und grosse dichte Rasen bildend.
Standort: In der subalpinen und alpinen Stufe in Rasen, an steinigen Hängen, auf kalkreichen und im Winter oft schneefreien Böden.
Laubblätter: 5–10 mm lang, lanzettlich, ganzrandig, am Rande und auf der Unterseite besonders im oberen Teil mit zahlreichen bis 2 mm langen Haaren.
Blütenstand: Deutlich rot gestielte, behaarte und 2–8blütige Dolden.
Blüten: Kelchblätter 5, oval, zugespitzt, behaart, gegen die Spitze zu oft rötlich und bis tief hinunter geteilt; Kronblätter 5, im unteren Teil zu einer langen Röhre verwachsen, im oberen Bereich mit etwas ausgerandeten Zipfeln und mit gelbem oder rotem Fleck; Staubblätter 5; Staubfäden in der Kronröhre angewachsen; Fruchtknoten oberständig.
Früchte: Kugelige oder eiförmige Kapseln bis 4 mm lang.

16 Bewimperter Mannsschild – Andrósace chamaejásme WULFEN

Merkmale: Von Juni bis Juli blühend, 2–10 cm hoch, mit zottig behaarten Stengeln und Blütenstielen und Polster bildend.
Standort: In der subalpinen und alpinen Stufe in steinigen Rasen, mageren Wiesen und Weiden und in Triften auf frischen, meist kalkreichen und ruhenden Schutt- und Felsböden; in den Alpen verbreitet.
Laubblätter: 5–10 mm lang, lanzettlich, ganzrandig, am Rande gewimpert, meist oberhalb der Mitte am breitesten und zugespitzt.
Blütenstand: Blüten zu 2–8 in einer endständigen Dolde.
Blüten: Kelchblätter 5, oval und hellgrün; Kelchzipfel lanzettlich; Kronblätter 5, oval bis rundlich, weiss, meist im oberen Teil am breitesten; Blütenschlund gelblich oder rötlich; Staubblätter 5; Fruchtknoten oberständig.
Früchte: Kapseln sich mit 5 Zähnen öffnend.

17 Sternblütiger Steinbrech – Saxífraga stelláris L.

Merkmale: Von Juli bis August blühend, 5–20 cm hoch, Rasen bildend und an den Ausläufern Blattrosetten; eine formenreiche Sippe.
Standort: Von der montanen bis in die subalpine Stufe in Schneetälchen, Rinnsalen, an feuchten Felsen und bei kalten Quellen auf kühlen, sickernassen, mässig nährstoff- und basenreichen, humosen und steinig sandigen Ton- oder reinen Sandböden.
Laubblätter: 1–5 cm lang, oval, mit bis 9 groben Zähnen, ungestielt oder nur kurz gestielt, etwas fleischig, unterseits weisslich und gegen den Grund zu keilförmig.
Blütenstand: 3–15blütige Traube.
Blüten: Kelchblätter 5, oval, grünlich oder rötlich, 2–3 mm lang und zurückgebogen; Kronblätter meist 5, schmal oval, zugespitzt und am Grunde mit 2 gelben Punkten; Staubblätter 10; Fruchtknoten aus 2 Fruchtblättern und oberständig.
Früchte: Vielsamige Kapseln.

18 Achtkronblättrige Silberwurz – Dryas octopétala L.

Merkmale: Von Juni bis Juli blühend, bis 10 cm hoch, bis 50 cm lang ausgebreitet und Rasen bildend.
Standort: In der subalpinen und alpinen Stufe in lichten Rasen, Kalkmagerrasen, Steinrasen, an felsigen Hängen und wenn herabgeschwemmt, im Flusskies auf mässig trockenen bis frischen, basenreichen und mehr oder weniger kalkhaltigen Böden.
Laubblätter: 1–3 cm lang, meist oval, gestielt, am Ende meist stumpf, unterseits weiss und dichtfilzig behaart; Rand grob gekerbt oder gezähnt und nach unten umgerollt.
Blütenstand: Blüten einzeln in den Blattachseln.
Blüten: Kelchblätter 7–9, schmal lanzettlich und dicht mit weissen Haaren besetzt; Kronblätter 7–9 (meist 8), oval, weiss und bis 2 cm lang; Staubblätter zahlreich; auf gewölbtem Fruchtboden zahlreiche kleine Fruchtknoten.
Früchte: Nüsschen mit 2–3 cm langem und dicht federig behaartem Griffel.

19 Alpen-Hahnenfuss – Ranúnculus alpéstris L.

Merkmale: Von Juni bis August blühend, 5–15 cm hoch, ausdauernd, kahl und mit einem kurzen Rhizom.
Standort: In der subalpinen und alpinen Stufe in Schneetälchen, Rasen, auf Felsbändern und feuchten, lange vom Schnee bedeckten, kalkhaltigen/lehmigen Rohböden.
Laubblätter: Grundständige lang gestielt, ihre Spreite im Umriss rundlich bis nierenförmig, meist sehr tief 3–5teilig mit verschieden tief gezähnten Abschnitten und glänzend; Stengelblätter einfach oder 3teilig und mit schmal lanzettlichen Abschnitten.
Blütenstand: Stengel meist einblütig.
Blüten: Kelchblätter 5, oval, grün und den Kronblättern anliegend; Kronblätter 5, oval oder verkehrt eiförmig und ausgerandet; Staubblätter zahlreich; auf einem kahlen und gewölbten Blütenboden zahlreiche Fruchtknoten.
Früchte: Kahle Nüsschen bis 2 mm lang und mit einem langen Schnabel versehen.

20 Alpen-Gemskresse – Hutchínsia alpína (L.) R.BR.

Merkmale: Von Juni bis Juli blühend, 3–12 cm hoch, ausdauernd und meist mit mehreren Stengeln.
Standort: In der subalpinen und alpinen Stufe in feuchtem Felsschutt, Felsspalten und Schutthalden auf feuchten und kalkreichen Böden; seltener in Schneetälchen und Pionierrasen; stets auf Kalk.
Laubblätter: In grundständiger Rosette, fiederteilig, gestielt, die untersten fast ungeteilt und die übrigen fiederschnittig.
Blütenstand: Meist in lockeren Trauben.
Blüten: Kelchblätter 4, bis 2,5 mm lang und hautrandig; Kronblätter 4, weiss, 3–5 mm lang, plötzlich in den unteren Teil verschmälert und deutlich genagelt; Staubblätter 6; Fruchtknoten oberständig.
Früchte: Schötchen lanzettlich, bespitzelt, 4–5 mm lang und zusammengedrückt.

21 Platanenblättriger Hahnenfuss – Ranúnculus platanifólius L.

Merkmale: Von Juni bis Juli blühend, 40–130 cm hoch und ästig verzweigt.
Standort: Meist in der subalpinen Stufe in Hochgrasfluren, Gebüschen und Schluchtwäldern auf frischen, basen- und nährstoffreichen Böden.
Laubblätter: Grundständige lang gestielt, beinahe bis zum Grund 3–7teilig und kahl; Abschnitte unregelmässig gezähnt (mit nach vorn gerichteten Zähnen), breit lanzettlich bis schmal oval, fein zugespitzt, gegen den Grund zu keilförmig verschmälert, ungestielt und am Grunde miteinander verbunden; oberste Stengelblätter ungestielt; ihre Abschnitte schmal lanzettlich, grob gezähnt und in eine Spitze ausgezogen.
Blütenstand: Stengel vielfach verzweigt und an den langen Stielen meist nur eine Blüte.
Blüten: Kelchblätter 5, kahl, etwas rötlich angelaufen und abfallend; Kronblätter 5 oder mehr, schmal oval und weiss; Staubblätter zahlreich; zahlreiche Fruchtknoten.
Früchte: Nüsschen 3–4 mm lang und mit einem langen Schnabel versehen.

22 Eisenhutblättriger Hahnenfuss – Ranúnculus aconitifólius L.

Merkmale: Von Mai bis Juli blühend, 20–100 cm hoch und abstehend ästig verzweigt.
Standort: In der montanen und subalpinen Stufe in feuchten Wiesen auf nassen bis feuchten, nährstoffreichen, meist kalkarmen und humosen Böden.
Laubblätter: Grundständige lang gestielt, beinahe bis zum Grunde 3–7teilig und kahl; Abschnitte meist gleichmässig gezähnt, vielfach rhombisch, über der Mitte am breitesten, oft kurz gestielt und gegen den Grund zu plötzlich verschmälert; oberste Stengelblätter ungestielt; ihre Abschnitte schmal rhombisch und fast bis zur Spitze gleichmässig gezähnt.
Blütenstand: Stengel verzweigt und vielblütig.
Blüten: Kelchblätter 5, kahl, rötlich angelaufen und abfallend; Kronblätter 5 oder mehr, breit oval und weiss gefärbt; Staubblätter zahlreich; Fruchtknoten zahlreich.
Früchte: Nüsschen 2–4 mm lang und mit einem kurzen Schnabel.

23 Narzissenblütiges Windröschen – Anemóne narcissiflóra L.

Merkmale: Von Mai bis Juli blühend, 15–40 cm hoch und ausdauernd.
Standort: In der subalpinen und alpinen Stufe in Bergwiesen, alpinen Steinrasen, Hochgrasfluren, bei Staudenhalden und an Gebüschrändern auf frischen bis wasserzügigen, meist kalkhaltigen und steinigen oder lockeren Lehm- und Tonböden; Pflanze giftig.
Laubblätter: Grundständige mit langen und behaarten Stielen; Spreite im Umriss rundlich, 3–8 cm im Durchmesser, 3- oder 5teilig und unterseits auf den Adern und am Rande behaart; Abschnitte mehrmals tief eingeschnitten und die schmalen Zipfel oft noch gesägt; Stengelblätter gleich gestaltet.
Blütenstand: 3- bis 8blütige Dolde; Blütenstiele behaart.
Blüten: Perigonblätter 5–7, vor dem sich Öffnen ausserseits rötlich, später weiss und kahl; Staubblätter zahlreich; auf gewölbtem Blütenboden oberständige Fruchtknoten.
Früchte: Flache und kahle Nüsschen ohne verlängerte Griffel.

24 Alpen-Anemone – Pulsatílla alpína (L.) DELARBRE

Merkmale: Von Juni bis August blühend, 15–50 cm hoch; Stengel behaart.
Standort: Vor allem in der subalpinen Stufe in Wiesen, Weiden und Zwergstrauchheiden auf trockenen bis frischen, sommerwarmen, nährstoff- und basenreichen, kalkhaltigen, humosen, lockeren und steinigen bis tonigen Böden.
Laubblätter: Zur Blütezeit das eine grundständige Blatt noch kaum entwickelt; dieses ist später lang gestielt; Spreite im Umriss dreieckig, 10–30 cm breit und 3teilig; lang gestielte Abschnitte ebenfalls dreiteilig; Abschnitte 2. Ordnung fiederteilig; die 3 Stengelblätter (=Hochblätter) miteinander nicht verwachsen.
Blüten- und Fruchtstand: Einzelblüten; als Früchte werden Nüsschen ausgebildet.
Blüten: Perigonblätter meist 6, oval, am Ende abgerundet oder unregelmässig eingeschnitten, weiss (ausserseits auch bläulich oder rötlich und oft etwas behaart); Staubblätter und Fruchtknoten zahlreich.

25 Gefurchter Steinbrech – Saxífraga exaráta VILL.

Merkmale: Von Juni bis August blühend, 2–10 cm hoch und ausdauernd.
Standort: In der subalpinen und alpinen Stufe in ruhendem Schutt, Spalierstrauchteppichen und auf offenen Rasen auf mässig frischen, kalkarmen, sauren und feinerdearmen Stein- oder Felsböden; auf Urgestein ziemlich häufig.
Laubblätter: Rosettig, 5–20 mm lang, mit 3–7 abgestumpften Abschnitten und dicht mit Drüsen besetzt; im getrockneten Zustand zwischen den Adern deutlich gefurcht.
Blütenstand: 4–8blütige Traube.
Blüten: Kelchblätter 5, oval, stumpf, an den Rändern behaart und zur Spitze etwas dunkler; Kronblätter 5, länger und bis doppelt so breit wie die Kelchblätter, an der Spitze abgerundet, weiss, rötlich oder gelb und sich gelegentlich an den Rändern überdeckend; Staubblätter 10; Fruchtknoten aus 2 Fruchtblättern und nicht oberständig.
Früchte: Mehrsamige Kapseln.

26 Berg-Laserkraut – Laserpítium síler L.

Merkmale: Von Juni bis August blühend und 40–150 cm hoch; Stengel fein gerillt.
Standort: In der montanen und subalpinen Stufe in Felsspalten, Staudenhalden und im Saum sonniger Büsche auf mässig trockenen bis trockenen, kalkreichen, steinigen, meist feinerdearmen und mittelgründigen Lehmböden.
Laubblätter: Mit dem Stiel bis 1 m lang; Spreite im Umfang dreieckig, 3–4fach gefiedert und blaugrün; Teilblätter der letzten Ordnung lanzettlich bis schmal oval, 2–6 cm lang, am Grunde meist keilförmig verschmälert, ganzrandig, kahl und fiederaderig.
Blütenstand: Dolden 1. Ordnung bis 25 cm im Durchmesser und mit 20–40 Dolden.
Blüten: Meist alle gleich gross und zwittrig; Kelchblätter 5, klein und lanzettlich; Kronblätter 5 und weiss bis rötlich gefärbt; Staubblätter 5; Fruchtknoten aus 2 Fruchtblättern zusammengesetzt.
Früchte: Bis 12 mm lange und kahle Spaltfrüchte.

27 Grosse Sterndolde – Astrántia májor L.

Merkmale: Von Juni bis August blühend und 20–90 cm hoch.
Standort: In der montanen und subalpinen Stufe in Bergwiesen und an Waldsäumen auf frischen und nährstoffreichen Böden.
Laubblätter: Grundständige lang gestielt und dunkelgrün; Spreite im Umriss 5–7eckig, bis 20 cm breit und bis nahe dem Spreitengrund 5- oder 7teilig; Abschnitte 1 oder 2mal tief eingeschnitten, zusätzlich unregelmässig gezähnt und keilförmig verschmälert; Stengelblätter den grundständigen ähnlich, im oberen Bereich der Pflanze aber ungestielt.
Blütenstand: Dolden 1./2. Ordnung von weissen / rötlichen Hochblättern umgeben.
Blüten: Männliche Blüten lang gestielt und in jeder Dolde zahlreich; zwittrige Blüten auf kurzen Stielen; Kelchblätter 5, in eine feine Spitze verschmälert, frei und bis 2,5 mm lang; Kronblätter 5, weisslich oder rötlich; Staubblätter 5; Fruchtknoten unterständig.
Früchte: Bis 7 mm lange Spaltfrüchte.

28 Kleine Sterndolde – Astrántia mínor L.

Merkmale: Von Juli bis August blühend und 15–40 cm hoch.
Standort: In der montanen und subalpinen Stufe in Rasen, Felsspalten und im Gebüsch auf trockenen bis frischen, meist kalkfreien und besonders sauren Böden.
Laubblätter: Grundständige sehr lang gestielt und dunkelgrün; Spreite im Umriss 5 bis 7eckig, höchstens bis 7 cm breit und bis zum Grunde 5- oder 7teilig; Abschnitte lanzettlich, zugespitzt und spitz gezähnt; Stengelblätter den grundständigen ähnlich, aber viel kürzer gestielt.
Blütenstand: Dolden 1./2. Ordnung von lanzettlichen Hochblättern umgeben.
Blüten: Lang gestielt und in jeder Dolde zahlreich; Kelchblätter 5, schmal oval, frei und bis 1 mm lang; Kronblätter 5 und länger als die Kelchblätter; Staubblätter 5; Fruchtknoten unterständig.
Früchte: Spaltfrüchte 3–4 mm lang und mit 5 Hauptrippen; Zähne aufwärts gerichtet.

29 Heilwurz, Hirschheil – Séseli libanótis (L.) KOCH

Merkmale: Von Juli bis September blühend, 30–120 cm hoch, mit Faserschopf besitzendem Rhizom und mehrjährig.
Standort: Von der kollinen bis in die subalpine Stufe in Staudenhalden, an Wald- und Wegrändern, Felsen und im Felsschutt auf sommerwarmen, mässig trockenen bis trockenen, mageren, oft kalkhaltigen, humosen oder rohen Böden.
Laubblätter: Grundständig, 2–3fach gefiedert, gestielt und besonders unterseits blaugrün; Zipfel meist lanzettlich, zugespitzt und kahl; unterstes Fiederpaar 1. Ordnung nicht nach unten abgerückt; am Stengel keine oder nur wenige kleine Blätter.
Blütenstand: Dolden 1. Ordnung mit 20–40 Dolden 2. Ordnung.
Blüten: Kelchblätter bis 5 mm lang; Kronblätter 5, breit oval, bis 1 mm lang und weiss; Staubblätter 5; Fruchtknoten aus 2 Fruchtblättern zusammengesetzt und unterständig.
Früchte: Spaltfrüchte 3–5 mm lang und mit schmalen, gelblichen Hauptrippen.

30 Hallers Laserkraut – Laserpítium hálleri CRANTZ

Merkmale: Von Juni bis August blühend, 10–60 cm hoch und an der Grundachse mit grossem Faserschopf.
Standort: In der subalpinen und alpinen Stufe in Wiesen und Weiden auf sonnigen, trockenen, sauren bis neutralen, nährstoffreichen und steinigen Böden; in den Alpen in den Urgesteinsketten ziemlich häufig anzutreffen.
Laubblätter: Gestielt; Spreite 2–3fach gefiedert, 20–50 cm lang, im Umriss rhombisch oder dreieckig und dunkelgrün bis blaugrün; Teilblätter letzter Ordnung tief zweifach fiederteilig; Zipfel stets zugespitzt.
Blütenstand: Dolden 1. Ordnung mit 10–40 Dolden 2. Ordnung.
Blüten: Kronblätter 5, weiss und ausserseits oft bewimpert; Staubblätter 5; Fruchtknoten aus 2 Fruchtblättern verwachsen und unterständig.
Früchte: Spaltfrüchte 4–9 mm lang und oval; Hauptrippen nur schwach hervortretend.

31 Behaarte Augenwurz – Athamánta creténsis L.

Merkmale: Von Mai bis Juli blühend, ausdauernd und grün behaart.
Standort: Von der montanen bis in die alpine Stufe in Kalkspalten, Steinschutthalden und Felsfluren auf kalkreichen, humosen und feinerdearmen Steinböden in sonniger Lage; Pionierpflanze auf beweglicher oder ruhender Unterlage.
Laubblätter: Dreifach gefiedert, gestielt und am Grunde mit verbreiterter Scheide; Teilblätter letzter Ordnung fiederteilig und mit schmalen, 3–5 (–10) mm langen und zugespitzten Zipfeln.
Blütenstand: Dolden 1. Ordnung mit 4–15 Dolden 2. Ordnung.
Blüten: Meist zwittrig; Kronblätter 5, auf der Aussenseite etwas behaart und weiss; Staubblätter 5; Fruchtknoten aus 2 Fruchtblättern und unterständig.
Früchte: Spaltfrüchte schmal oval, im unteren Bereich am breitesten, dicht behaart und die Teilfrüchte mit 5 gut sichtbaren Hauptadern.

32 Silberdistel, Eberwurz – Carlína acaúlis L.

Merkmale: Von Juli bis September blühend, 2–10 cm hoch und ausdauernd.
Standort: Von der kollinen bis in die subalpine Stufe auf mageren Wiesen und Weiden auf sommerwarmen, mässig trockenen, mittel- bis tiefgründigen und neutralen Lehm- und Tonböden; Tiefwurzler.
Laubblätter: Meist rosettig angeordnet, rinnig, breit gestielt, schmal oval, oft etwas gekrümmt, sehr tief fiederteilig und mit jederseits 6–12 stacheligen Abschnitten.
Blütenstand: Köpfchen 5–12 cm breit und mit silbrig gefärbten Hüllblättern.
Blüten: Pappus (=umgewandelte Kelchblätter) 10–15 mm lang, weiss, am Grunde etwas gelblich, einreihig und aus 9–11 Borsten bestehend; Kronblätter 9–12 mm lang, röhrenförmig verwachsen und weiss oder rötlich; Staubblätter 5; Fruchtknoten aus zwei Fruchtblättern zusammengesetzt und unterständig.
Früchte: Achänen (Samenschale mit Fruchtwand verwachsen) 4–6 mm lang.

33 Alpen-Berufkraut – Erígeron alpínus L.

Merkmale: Von Juni bis August blühend, 3–25 cm hoch und ausdauernd.
Standort: In der subalpinen und alpinen Stufe in Wiesen, Weiden und Steinrasen auf frischen, oft kalkarmen, lockeren und steinigen Lehm- und Tonböden; verbreitet.
Laubblätter: Grundständige lanzettlich bis schmal spatelförmig, ganzrandig, langsam in den Stiel verschmälert und beiderseits behaart; Stengelständige lanzettlich, im oberen Bereich des Stengels mit verschmälertem Grund sitzend, beiderseits behaart und ganzrandig; Hauptader oft etwas rötlich; Pflanzenstengel rötlich.
Blütenstand: Stengel 1–5köpfig; Köpfchen 15–30 mm breit.
Blüten: Strahlenblüten (=Röhrenblüten) rosa oder purpurrot, vor der Blütezeit aufrecht und länger als die Hüllblätter; Röhrenblüten gelblich oder rötlich; zwischen Röhren- und Strahlenblüten verkümmerte weibliche Blüten.
Früchte: Achänen 2–3 mm lang und mit einem bis 5 mm langen, weisslichen Pappus.

34 Berg-Margerite – Leucánthemum adústum (KOCH) GREMLI

Merkmale: Von Juni bis September blühend und 15–30 cm hoch.
Standort: In der montanen und subalpinen (seltener kollinen und alpinen) Stufe in steinigen Rasen, Schutthalden, Bergwiesen und Hochgrasfluren auf wechseltrockenen und basenreichen Böden.
Laubblätter: Im Umriss schmal oval, dicklich, lederig, jederseits mit 6–20 etwas nach aussen gerichteten Zähnen und oft etwas behaart; mittlere Stengelblätter mit abgerundetem, gelegentlich gezähntem Grunde sitzend, meist ohne Öhrchen und oft fast ganzrandig.
Blütenstand: Köpfchen meist einzeln, 3–7 cm im Durchmesser und mit breit schwarzbraun berandeten Hüllblättern.
Blüten: Strahlenblüten (Röhrenblüten) weiss; Röhrenblüten gelblich.
Früchte: Achänen 2–4 mm lang und lanzettlich bis schmal oval.

35 Gewöhnliche Margerite – Leucánthemum vulgáre LAM.

Merkmale: Von Mai bis Oktober blühend, 20–70 cm hoch; mit mehrköpfigem Rhizom.
Standort: Von der kollinen bis in die subalpine Stufe in Fettwiesen, Äckern, auf Schuttplätzen, Weiden und entlang von Wegrändern auf frischen, nährstoff- und basenreichen, lockeren und meist etwas lehmigen Böden.
Laubblätter: Untere länglich, verkehrt eiförmig bis spatelförmig, 1–3 cm lang, gekerbt, gesägt oder fiederteilig und allmählich in den Stiel verschmälert; obere sitzend.
Blütenstand: Am Ende des Stengels je ein bis 5 cm breites Köpfchen; Hüllblätter lanzettlich und mit meist schwarzbraunen Rändern.
Blüten: Strahlenblüten (=Zungenblüten) weiss und bis 6 mm breit; Röhrenblüten hell- bis dunkelgelb.
Früchte: Achänen 2–4 mm lang, meist 10rippig und zwischen den Rippen mit schwarzen Harzdrüsen.

36 Alpen-Margerite – Chrysánthemum alpínum L.

Merkmale: Von Juli bis August blühend, 5–15 cm hoch, ausdauernd und meist ganze Polster bildend.
Standort: In der alpinen Stufe in Rasen, Schutthalden, Schneetälchen und auf lange mit Schnee bedeckten Böden auf schneefeuchten, kalkarmen oder entkalkten, mässig sauren, modrig humosen und steinigen oder reinen Lehm- und Tonböden.
Laubblätter: Grundständige gestielt, kammförmig fiederteilig und mit deutlich voneinander getrennten und 4–8mal so langen wie breiten Abschnitten; Mittelteil des Blattes nach oben nicht verschmälert.
Blütenstand: Am Ende des Stengels je 1 bis 3 cm breites Köpfchen.
Blüten: Strahlenblüten (=Zungenblüten) weiss, bis 15 mm lang und beim Verblühen oft etwas rosa angelaufen; Röhrenblüten gelblich.
Früchte: Achänen bis 3 mm lang, 5rippig und oben mit einem gezähnten Rand.

37 Edelweiss – Leontopódium alpínum CASS.

Merkmale: Von Juli bis August blühend, 5–20 cm hoch, ausdauernd und weissfilzig.
Standort: In der alpinen Stufe in sonnigen Rasen auf mässig frischen, basenreichen, meist kalkhaltigen, neutralen, humosen, lockeren und steinigen Böden.
Laubblätter: Schmal lanzettlich, gegen den Grund zu allmählich verschmälert, 2–5 cm lang, zugespitzt, oberseits blaugrün, unterseits durch filzige Behaarung graugrün und wechselständig angordnet.
Blütenstand: Blütenköpfchen zu 1–10 doldenförmig gehäuft, 4–7 mm breit und von zahlreichen häutigen, braun berandeten Hüllblättern umgeben.
Blüten: Röhrenförmig und fadenförmig; äussere Köpfchen des gesamten Blütenstandes und die äusseren Blüten der inneren Köpfchen fadenförmig und weiblichen Geschlechts; innere Blüten der Köpfchen scheinbar zwittrig, wobei nur die Staubblätter fertil sind.
Früchte: Achänen ungefähr 1 mm lang, zerstreut und kurz behaart.

38 Gemeines Katzenpfötchen – Antennária dioíca GAERTNER

Merkmale: Von Mai bis Juli blühend, 5–20 cm hoch, ausdauernd und mit oberirdischen Ausläufern.
Standort: In der subalpinen und alpinen Stufe in mageren Wiesen, Weiden und Heiden auf mässig frischen bis trockenen Böden.
Laubblätter: Untere schmal oval, gegen den Grund zu verschmälert oder spatelförmig, kurz zugespitzt und unterseits weissfilzig behaart; obere schmal lanzettlich, zugespitzt und oft etwas rötlich; Pflanze mit Blattrosette.
Blütenstand: Mehrere bis 8 mm breite Köpfchen am Ende der Stengel doldenartig angeordnet; Hüllblätter dachziegelig angeordnet.
Blüten: Pflanzen zweihäusig; bei weiblichen Köpfchen Blüten rötlich, mit fadenförmiger Krone; bei männlichen Köpfchen Blüten scheinbar zwittrig, aber nur der Pollen fertil.
Früchte: Achänen bis 1 mm lang, zylindrisch und mit 6–10 langen Pappusborsten.

39 Schneeweisse Pestwurz – Petasítes paradóxus (RETZ.) BAUMG.

Merkmale: Von März bis Juli blühend, 15–30 cm hoch (zur Fruchtzeit bis 60 cm), Ausläufer treibend und mit kriechendem Wurzelstock.
Standort: In der subalpinen und alpinen (seltener montanen) Stufe in buschigen Hängen, Geröllfluren, bei Rutschungen, im Bachgeröll und auf feuchten Moränen auf meist feuchten, kalkhaltigen und steinigen Böden.
Laubblätter: Dreieckig bis herzförmig, ungleich stachelspitzig gezähnt, oberseits graufilzig aber später verkahlend, unterseits bleibend dicht weissfilzig und am Ende der Blütezeit erscheinend; Lappen des Spreitengrundes auseinandertretend.
Blütenstand: Köpfchen mit hohlen Stielen; Hüllblätter bräunlich bis rötlich gefärbt und oft schwach filzig.
Blüten: Kronblätter rötlich bis weiss; Pappus schneeweiss.
Früchte: Achänen 1–2 mm lang und mit einem weisslichen Pappus versehen.

40 Alpen-Kratzdistel – Círsium spinosíssimum SCOP.

Merkmale: Von Juli bis August blühend, 20–50 cm hoch, ausdauernd, durchgehend beblättert und mit einem Rhizom.
Standort: In der subalpinen und alpinen Stufe in Weiden, Lägerstellen, im Gesteinsschutt und bei Gebüschen auf feuchten bis frischen, nährstoffreichen, humosen und steinigen Lehm- und Tonböden.
Laubblätter: Lanzettlich, ungeteilt, zugespitzt, bis über die Mitte der Blatthälfte fiederteilig, mit stacheligen Abschnitten und steif anzufassen; die oberen Blätter umfassen den Stengel herzförmig.
Blütenstand: Köpfe zu mehreren geknäuelt am Ende der Stengel von zahlreichen bleichgrünen, steifen, stechenden, lanzettlichen und fiederteiligen Blättern umgeben.
Blüten: Alle röhrenförmig, 1–2 cm lang und hellgelb gefärbt.
Früchte: Achänen 3–5 mm lang, gelblichbraun, mit einem bis 15 mm langen Pappus.

41 Schwarzrandige Schafgarbe – Achilléa atráta L.

Merkmale: Von Juli bis August blühend, 5–25 cm hoch, ausdauernd und mit stark verzweigtem Rhizom.
Standort: In der alpinen (seltener subalpinen) Stufe in Schiefer- und Kalkschutthalden auf feuchten bis sickerfrischen, steinigen und auch kalkreichen Böden; in den Alpen verbreitet und häufig; widerstandsfähiger Schuttkriecher und schneller Schuttwanderer.
Laubblätter: Lanzettlich oder schmal rechteckig, bis nahe zur Mittelader fiederteilig, jederseits mit 6–12 zwei- bis fünfzähnigen Zipfeln und zerstreut behaart.
Blütenstand: Wenigköpfige, doldenartig geformte Traube; Köpfchen mit 5–8 mm langen, zerstreut behaarten und dunkelbraun bis schwarz berandeten Hüllblättern.
Blüten: Strahlenblüten (=Zungenblüten) weiss gefärbt, weiblichen Geschlechts, am Ende mit oft 2 deutlichen Kerben und zu 6–8 im Köpfchen; Röhrenblüten weisslich.
Früchte: Achänen bis 2 mm lang, flach eiförmig, ohne gezähnten Rand.

42 Moschus-Schafgarbe – Achilléa moscháta WULF

Merkmale: Von Juni bis August blühend, 5–20 cm hoch, ausdauernd und aromatisch.
Standort: In der alpinen (seltener subalpinen) Stufe im Geröll, Felsschutt, auf grasigen Hängen, in steinigen Rasen und Steinschuttfluren auf sickerfrischen, kalkarmen, bewegten oder ruhenden und lehmigen Steinschuttböden; Pionierpflanze.
Laubblätter: Im Umriss länglich, bis nahe der Mittelader fiederteilig und kahl oder etwas behaart; jederseits mit 5–12 ganzrandigen, seltener etwas gezähnten Zipfeln.
Blütenstand: Wenigköpfige doldenartig geformte Traube; Köpfchen mit 3–5 mm langen, zerstreut behaarten und dunkelbraun berandeten Hüllblättern.
Blüten: Strahlenblüten (=Zungenblüten) weiss gefärbt, weiblichen Geschlechts, am Ende etwas gekerbt und zu 5–8 in den Köpfchen; Röhrenblüten weisslich und zwittrig.
Früchte: Achänen bis 2 mm lang, flach eiförmig, ohne gezähnten Rand und ohne Pappusborsten.

43 Clavenas Schafgarbe – Achilléa clavénea L.

Merkmale: Von Juli bis August blühend, 10–25 cm hoch und ausdauernd.
Standort: In der alpinen (seltener subalpinen) Stufe in steinigen Weiden, sonnigen Steinrasen und auf Felsschutt auf frischen, kalkreichen, neutralen, humosen, lockeren und steinigen Lehmböden.
Laubblätter: Oval, bis nahe der Mittelader unregelmässig fiederteilig und seidig behaart; geflügelte Mittelader 2–5 mm breit, beiderseits anliegend seidig behaart; jederseits mit 3–8 zwei- bis fünfzipfeligen Abschnitten.
Blütenstand: Wenigköpfige, doldenartige Traube; Köpfchen bis 1,5 cm breit, mit hellgrauen, behaarten, schwarz berandeten Hüllblättern und zu 3–20 an einem Stengel.
Blüten: Strahlenblüten (=Zungenblüten) weiss gefärbt, am Ende mit oft etwas gewelltem Rand und zu 5–9 im Köpfchen; Röhrenblüten weiss und zwittrig.
Früchte: Achänen bis 2 mm lang, flach eiförmig und ohne Pappusborsten.

44 Zwerg-Schafgarbe – Achilléa nána L.

Merkmale: Von Juli bis August blühend, 5–15 cm hoch und ausdauernd.
Standort: In der alpinen Stufe verbreitet auf Moränen, in Schutthängen und auf Schieferschuttfluren auf schneefeuchten, basenreichen, lockeren und auch mässig sauren Böden; Pflanze besonders in den Zentral- und Südalpen verbreitet.
Laubblätter: Schmal lanzettlich, bis nahe der Mittelader fiederteilig, wollig behaart und mit jederseits 4–12 ungeteilten oder 2–5zähnigen Zipfeln; Mittelader dicht wollig.
Blütenstand: 5–20köpfige, doldenartig geformte Traube; Köpfchen bis 1 cm breit und mit 2–5 mm langen, fein wollig behaarten und schwarz berandeten Hüllblättern.
Blüten: Strahlenblüten (=Zungenblüten) weiss, schmal oval, am Ende mit wenigen Zähnen, weiblichen Geschlechts und zu 5–8 im Köpfchen; Röhrenblüten zwittrig und hellgelb bis braun.
Früchte: Achänen bis 2 mm lang, flach eiförmig und ohne gezähnten Rand.

45 Niedlicher Augentrost – Euphrásia pulchélla KERNER

Merkmale: Von Juli bis August blühend, 2–10 cm hoch und mit dunkelroten bis braunen Stengeln.
Standort: In der subalpinen und alpinen Stufe in Wiesen, Weiden und am Rande von Gebüschen auf frischen bis feuchten und humosen Böden.
Laubblätter: Eiförmig bis rundlich, mit jederseits 1–3 stumpfen oder kurz zugespitzten Zähnen und deutlich behaart; Endzahn stumpf oder abgerundet.
Blütenstand: Blüten meist zu mehreren gehäuft in den Achseln der oberen Stengelblätter; seitliche Teilblütenstände gestielt.
Blüten: Kelch eng glockenförmig 4teilig, 2–4 mm lang und behaart; Kronblätter 5, zu einer Röhre verwachsen, 6–8 mm lang und 2lippig; Staubblätter 4, von der Oberlippe eingeschlossen; Fruchtknoten oberständig.
Früchte: Mehrsamige und zweiklappig aufspringende Kapseln.

46 Schnee-Klee – Trifólium nivále SIEBER

Merkmale: Von Juni bis Oktober blühend, 5–20 cm hoch, ausdauernd und mit niederliegenden oder aufsteigenden Stengeln.
Standort: In der subalpinen und alpinen Stufe in Wiesen, Weiden und in der Nähe von Waldrändern auf frischen, ziemlich nährstoffreichen und lehmigen Böden.
Laubblätter: Dreiteilig und lang gestielt; Teilblätter schmal eiförmig bis eiförmig, ganzrandig, bis 3 cm lang, zugespitzt, abgerundet oder etwas eingeschnitten und schwach behaart.
Blütenstand: 20–35 mm breite, vielblütige und kopfartige Traube.
Blüten: Kelchblätter 5, verwachsen, behaart und weisslich bis grünlich (auch etwas rot überlaufen); Kronblätter 5, weiss und 2 schmale Flügel, ein Schiffchen und eine etwas nach aussen gewölbte Fahne bildend; Staubblätter 10; Fruchtknoten oberständig.
Früchte: Längliche und einsamige Nüsschen.

47 Bleicher Klee – Trifólium palléscens SCHREBER

Merkmale: Von Juli bis August blühend, 10–20 cm hoch und ausdauernd.
Standort: In der subalpinen und alpinen Stufe verbreitet in Rasen und Alluvionen; eine kalkmeidende Geröllpflanze.
Laubblätter: Kurz gestielt und dreiteilig; Teilblätter schmal oval, meist sehr kurz gestielt, am Ende abgerundet oder etwas eingeschnitten, am Rand fein gezähnt und mit 10–20 Paaren von Seitenadern.
Blütenstand: Vielblütige und kopfartige Traube.
Blüten: Kelchblätter 5, verwachsen und grünlich; die 2 oberen Kelchzähne aneinanderliegend, durch eine spitze Bucht weniger tief als die übrigen voneinander getrennt; Kronblätter 5, weiss oder hellrosa und in Schiffchen, 2 Flügel und 2 Fahnen gegliedert; Staubblätter 10; Fruchtknoten oberständig.
Früchte: Längliche und einsamige Nüsschen.

48 Alpen-Tragant – Astrágalus alpínus L.

Merkmale: Von Juli bis August blühend, 5–15 cm hoch, mit aufsteigenden Stengeln und ausdauernd.
Standort: In der subalpinen und alpinen Stufe in Wiesen, Weiden und Steinrasen auf frischen bis mässig trockenen, neutralen bis sauren, humosen und tonigen Steinböden.
Laubblätter: Unpaarig gefiedert und mit 7–12 Paaren von Seitenfiedern; Fiederblätter schmal oval, ganzrandig, stumpf und beiderseits zerstreut behaart oder kahl.
Blütenstand: Langgestielte und kugelige Traube.
Blüten: Kelchblätter 5, verwachsen und grünlich bis rötlich gefärbt; Kronblätter 5 und verwachsen; Schiffchen vorn violett und fast so lang wie die Fahne; weissliche Flügel kürzer als das Schiffchen; Staubblätter 10; Fruchtknoten oberständig und aus 2 Fruchtblättern verwachsen.
Früchte: Hülsen bis 15 mm lang, bis 5 mm dick und dicht, kurz und dunkel behaart.

49 Weissorchis, Weisszüngel – Leucórchis álbida E. MEYER

Merkmale: Von Juni bis Juli blühend, 10–25 cm hoch und mit geteilter Knolle.
Standort: In der subalpinen (seltener montanen und alpinen) Stufe in Magerrasen und Magerweiden auf mässig frischen, kalkfreien, modrig torfigen, humosen, etwas sauren, nährstoffarmen und steinigen oder reinen Lehmböden.
Laubblätter: 5–15 cm lang, schmal oval, mit der grössten Breite oberhalb der Mitte, im untersten Bereich den Stengel umfassend, paralleladerig und hell- bis mittelgrün.
Blütenstand: Traube 3–6 cm lang, zylindrisch und dichtblütig.
Blüten: Perigonblätter hellgelb bis weisslich und oval; Lippe etwas länger als die äusseren Perigonblätter, nach dem Grunde keilförmig verschmälert und tief dreiteilig; Sporn walzenförmig, abwärts gebogen und so lang wie der Fruchtknoten; Staubblätter 2; Fruchtknoten unterständig.
Früchte: Kapseln

50 Gemeines Brillenschötchen – Biscutélla laevigáta L.

Merkmale: Von Mai bis Juli blühend, 10–35 cm lang und meist steifhaarig.
Standort: In der subalpinen und alpinen (seltener montanen) Stufe in steinigen Weiden, Felsspalten, Steinrasen, auf Felsbändern und Alluvionen auf sommerwarmen, trockenen bis mässig frischen, meist kalkhaltigen, neutralen und humosen Steinböden.
Laubblätter: Grundständige 4–13 cm lang, länglich, rosettenartig gehäuft, ganzrandig oder etwas gezähnt und vielfach behaart.
Blütenstand: Lockere Traube, die aus mehreren lang gestielten Teilblütenständen aufgebaut ist.
Blüten: Lang gestielt; Kelchblätter 4, hellgelb und am Grunde oft sackförmig ausgebuchtet; Kronblätter 4, vorn abgerundet, etwas gestielt und gelb; Staubblätter 6; Fruchtknoten oberständig und aus 2 Fruchtblättern zusammengesetzt.
Früchte: Schötchen brillenförmig und mit 3–5 mm langem Griffel.

51 Immergrünes Felsenblümchen – Drába aizoídes L.

Merkmale: Von Mai bis Juli blühend, 2–10 cm hoch, ausdauernd und mit Rhizom.
Standort: In der subalpinen und alpinen Stufe in Steinrasen, Felsspalten, auf ruhendem Felsschutt und an sonnigen Felsen auf mehrheitlich trockenen, kalkreichen und feinerdearmen Steinböden.
Laubblätter: In dichter, grundständiger Rosette; einzelne Blätter bis 2 cm lang, schmal lanzettlich, zugespitzt, steif, lederig und kammförmig behaart.
Blütenstand: 3–20blütige "Traube".
Blüten: Gestielt; Kelchblätter 4, kahl, 2–4 mm lang, etwas gebogen und gelblich bis grünlich gefärbt; Kronblätter 4, zu Beginn der Blütezeit gelb, später auch weisslich werdend; Staubblätter 6; Fruchtknoten oberständig, mit einem langen Griffel versehen und aus 2 Fruchtblättern verwachsen.
Früchte: Schötchen bis 15 mm lang, lang gestielt und mit einem 1–3 mm langen Griffel.

52 Gelber Alpenmohn – Papáver alpínum L.

Merkmale: Im Juli blühend, 5–20 cm hoch, ausdauernd; mit mehrköpfigem Rhizom.
Standort: In der alpinen Stufe in beweglichem Felsschutt mit langer Schneebedeckung, auf Moränen und Alluvionen auf Kalk- und Urgestein in den Zentral- und Südalpen.
Laubblätter: Stengel ohne Blätter; Blätter in einer grundständigen Rosette vereinigt, bis auf die Mittelader 1–2fach gefiedert, blaugrün und mit 2–6 lineal lanzettlichen, stumpfen oder vorn nur ganz kurz zugespitzten und behaarten Abschnitten.
Blütenstand: Einzelblüten
Blüten: Kelchblätter 2, die Kronblätter ganz umschliessend und dicht braun behaart; Kronblätter 4, bis 4 cm lang, mit oben gewelltem Rand und goldgelb; Staubblätter zahlreich; Staubfäden fadenförmig und sehr fein ausgebildet; Fruchtknoten oberständig und mit 5–7 Narbenstrahlen.
Früchte: Kapseln mit vorspringenden Längslinien und sich mit Löchern öffnend.

53 Mauerpfeffer-Steinbrech – Saxífraga aizoídes L.

Merkmale: Von Juni bis August blühend, 3–25 cm hoch, mit aufsteigenden Stengeln und Rasen bildend.
Standort: Von der montanen bis in die alpine Stufe an feuchten Schutthängen, Quellfluren und überrieselten Felsen auf sickernassen, basenreichen, meist kalkhaltigen und steinig kiesigen Ton- und Mergelböden.
Laubblätter: 1–3 cm lang, lineal bis lineal lanzettlich, fleischig, zugespitzt, im Querschnitt halbkreisförmig und gegen den Grund zu am Rande fein bewimpert.
Blütenstand: 3–10blütige und drüsig behaarte Traube oder Rispe.
Blüten: Lang gestielt; Kelchblätter 5, kahl, 4–6 mm lang, eiförmig und den Kronblättern anliegend; Kronblätter 5, schmal elliptisch, **gelb gefärbt** und häufig mit dunklen Punkten versehen; Staubblätter 10; Fruchtknoten oberständig.
Früchte: Kapseln

54 Mauerpfeffer-Steinbrech – Saxífraga aizoídes L.

Merkmale: Von Juni bis August blühend, 3–25 cm hoch, mit aufsteigenden Stengeln und Rasen bildend.
Standort: Von der montanen bis in die alpine Stufe an feuchten Schutthängen, Quellfluren und überrieselten Felsen auf sickernassen, basenreichen, meist kalkhaltigen und steinig kiesigen Ton- und Mergelböden.
Laubblätter: 1–3 cm lang, lineal bis lineal lanzettlich, fleischig, zugespitzt, im Querschnitt halbkreisförmig und gegen den Grund zu am Rande fein bewimpert.
Blütenstand: 3–10blütige und drüsig behaarte Traube oder Rispe.
Blüten: Lang gestielt; Kelchblätter 5, kahl, 4–6 mm lang, eiförmig und den Kronblättern anliegend; Kronblätter 5, schmal elliptisch, **rötlich bis rötlichbraun gefärbt** und häufig mit dunklen Punkten versehen; Staubblätter 10; Fruchtknoten oberständig.
Früchte: Kapseln

55 Geflecktes Johanniskraut – Hypéricum maculátum CRANTZ s.l.

Merkmale: Von Juni bis August blühend, 30–60 cm hoch, vorwiegend kahl, gegen die Spitze zu drüsig, im Innern des Stengels mit Mark, mit 2 erhabenen Längskanten und formenreich.
Standort: Von der kollinen bis in die alpine Stufe in Wiesen, Hochstaudenfluren, entlang von Wegrändern und an Trockenhängen auf mehrheitlich trockenen bis frischen und basenreichen Böden.
Laubblätter: Schmal elliptisch bis breit eiförmig und sehr oft nur die oberen gross durchscheinend punktiert.
Blütenstand: In reichblütigen Trugdolden.
Blüten: Kelchblätter 5, lanzettlich und zugespitzt; Kronblätter 5, goldgelb und schwarz gefleckt; Staubblätter zahlreich; Fruchtknoten oberständig und drüsig.
Früchte: 3–5blättrige Kapselfrucht.

56 Alpen-Mauerpfeffer – Sédum alpéstre VILL.

Merkmale: Von Juli bis August blühend, 2–9 cm hoch; niederliegend oder aufsteigend.
Standort: In der alpinen Stufe in Rasen, im Felsschutt und an steinigen Erdanrissen auf frischen, basenreichen, kalkfreien, humusarmen, lehmigen, schwach sauren, lange mit Schnee bedeckten und ständig durchfeuchteten Böden; auch als Pionier auf nackten Felsen.
Laubblätter: 2–6 mm lang, schmal verkehrt eiförmig, am Ende breit abgerundet, fleischig, in der Nähe der Blüte nahe beieinander und wechselständig angeordnet.
Blütenstand: In wenigblütigen Wickeln.
Blüten: Kelchblätter 5, seltener 6, eiförmig, 2–3 mm lang und gelblichgrün; Kronblätter 5, schmal eiförmig, 4–6 mm lang, stumpf oder nur kurz zugespitzt und gelb; Staubblätter 10; Fruchtknoten 5, nicht verwachsen und mit gelber oder roter Färbung.
Früchte: 1–4 mm lange Balgfrüchte.

57 Grossblütiges Fingerkraut – Potentílla grandiflóra L.

Merkmale: Von Juli bis August blühend, 20–40 cm hoch, ausdauernd und mit behaarten Stengeln.
Standort: In der subalpinen und alpinen Stufe in Magerwiesen, an sonnigen, felsigen Hängen oder in Rasen auf basenreichen, meist kalkarmen und steinigen Lehmböden.
Laubblätter: Grundständige mit 4–8 cm langen und abstehend behaarten Stielen und meist 3 radiär angeordneten Teilblättern; diese sind oval, bis 3 cm lang, leicht behaart, gegen den Grund zu keilförmig verschmälert und jederseits mit 4–9 stumpfen Zähnen.
Blütenstand: Stengel reich verzweigt und wenig- bis vielblütig.
Blüten: 10 behaarte Kelchblätter; Kronblätter 5, goldgelb, 1–2mal so lang wie die Kelchblätter und miteinander nicht verwachsen; Staubblätter zahlreich; Staubfäden kahl, mit nach aussen gerichteten und sich öffnenden Staubbeuteln; Fruchtknoten zahlreich.
Früchte: Zahlreiche einsamige Nüsschen.

58 Berg-Hahnenfuss – Ranúnculus montánus WILLD. s.l.

Merkmale: Von Mai bis August blühend, 20–50 cm hoch, ausdauernd und mit kahlem Rhizom (Pflanze in der subalpinen Stufe an einem windgeschützten Ort).
Standort: In der subalpinen und alpinen Stufe in Schutthalden, Fettwiesen, Weiden, lichten Wäldern und Moorwiesen auf kalkarmen und humosen Böden.
Laubblätter: Grundständige im Umriss queroval, rundlich oder 5eckig und dreiteilig, wobei die seitlichen Abschnitte bis weit zum Grunde hinunter eingeschnitten sind; obere Stengelblätter mit 3 oder 5 Abschnitten.
Blütenstand: Stengel ein- bis mehrblütig.
Blüten: Kelchblätter 5, gelblich und gegen das Ende zu grünlich; Kronblätter 5, gelb und am Ende abgerundet; Staubblätter zahlreich; auf dem behaarten Blütenboden zahlreiche Fruchtknoten.
Früchte: Rundliche und kahle Nüsschen mit einem gebogenen Schnabel versehen.

59 Gold-Fingerkraut – Potentílla aúrea L.

Merkmale: Von Juni bis August blühend und 5–20 cm hoch.
Standort: In der subalpinen und alpinen Stufe in Wiesen, Weiden, Magerrasen, Schneemulden und bei Zwergsträuchern auf mässig trockenen bis wechselfeuchten, basen- und kalkarmen, sauren und humosen Böden.
Laubblätter: Grundständige mit einem 2–5 cm langen, anliegend behaarten Stiel und 5 radiär angeordneten Teilblättern; diese sind oval, bis 2,5 cm lang und mit der grössten Breite oberhalb der Mitte; oberste Stengelblätter oft lanzettlich.
Blütenstand: Stengel 1–5blütig.
Blüten: Je 5 schmal ovale und gleich grosse Aussen- und Innenkelchblätter; Kronblätter 5, breit herzförmig, am Grunde meist mit einem dunkelgelben Fleck und goldgelb; Staubblätter zahlreich; Fruchtknoten zahlreich.
Früchte: Kahle Nüsschen.

60 Silber-Fingerkraut – Potentílla argéntea L.

Merkmale: Von Juli bis August blühend, 10–40 cm hoch und mit weissfilzigen Stengeln.
Standort: Von der kollinen bis in die subalpine Stufe in steppenähnlichen Wiesen, auf Felsköpfen, entlang von Wegrändern und an Mauern auf sommerwarmen, trockenen, mässig nährstoffreichen, kalkarmen und etwas sauren Sand- oder Steinböden.
Laubblätter: 5zählig und mit lang behaarten Stielen; Teilblätter schmal elliptisch, gegen den Grund zu keilförmig verschmälert, beiderseits mit 2–5 Zähnen und unterseits dicht weissfilzig behaart.
Blütenstand: Zwei- bis mehrblütig.
Blüten: Äussere 5 Kelchblätter lanzettlich und die 5 inneren etwas breiter; Kronblätter 5, breit oval, meist etwas ausgerandet und gelb gefärbt; Staubblätter zahlreich und mit kahlen Staubfäden; Fruchtknoten zahlreich.
Früchte: Kahle Nüsschen; die Samen werden jeweils durch den Wind herausgeschüttelt.

61 Schlitzblättriges Fingerkraut – Potentílla multifída L.

Merkmale: Von Juli bis Juli blühend, 4–30 cm hoch und mit ausgebreiteten und aufsteigenden Stengeln.
Standort: In der alpinen Stufe in Weiden, auf Schaf- und Wildtierlägern und bei Felsen auf stickstoffreichen, kalkarmen oder kalkreichen Böden; bis nach Spitzbergen reichend.
Laubblätter: Grundständige im Umriss oval bis rundlich, bis 3 cm lang und fingerförmig zusammengesetzt; Fiedern 1. Ordnung 1–2 cm lang und meist bis auf die Mittelader gefiedert; obere Stengelblätter ebenfalls stark gefiedert.
Blütenstand: Stengel vielblütig und anliegend behaart.
Blüten: Äussere 5 Kelchblätter schmal lanzettlich bis schmal keilförmig und zugespitzt; die inneren 5 breiter und etwas länger; alle behaart; Kronblätter 5, oval, ausgerandet und hellgelb; zahlreiche Staubblätter mit kahlen Staubfäden; Fruchtknoten zahlreich.
Früchte: Kahle Nüsschen.

62 Europäische Trollblume – Tróllius europaéus L.

Merkmale: Von Mai bis Juli blühend, 20–60 cm hoch und ausdauernd.
Standort: In der montanen und subalpinen Stufe in moorigen Wiesen, Bergfettwiesen, auf Lägerstellen, bei Bachufern und an Quellen auf sicker- oder grundfeuchten, oft nährstoff- und basenreichen, auch kalkarmen Lehm- und Tonböden.
Laubblätter: Grundständige lang gestielt und 5teilig; Fiedern oval, gegen den Grund zu keilförmig verschmälert und besonders im oberen Bereich ungleich gezähnt; untere Stengelblätter gleich aussehend; obere Stengelblätter sitzend und von einfacherer Form.
Blütenstände: Pro Stengel 1–3 Blüten.
Blüten: Perigonblätter 5–15, oval, bis 2,5 cm lang und kugelförmig zusammenneigend; die zahlreichen Honigblätter bis 7 mm lang, oben abgerundet und nach dem Grunde verschmälert; Staubblätter und Fruchtknoten zahlreich; mit schnabelartigen Narben.
Früchte: Mehrsamige und bis 1 cm lange Balgfrüchte.

63 Berg-Hahnenfuss – Ranúnculus montánus WILLD. s.l.

Merkmale: Von Mai bis August blühend, 20–50 cm hoch, ausdauernd und mit kahlem Rhizom (Pflanze der alpinen Stufe an einer windexponierten Stelle, daher kleiner als 58).
Standort: In der subalpinen und alpinen Stufe in Schutthalden, Fettwiesen, Weiden, lichten Wäldern und Moorwiesen auf kalkarmen und humosen Böden.
Laubblätter: Grundständige im Umriss queroval, rundlich oder 5eckig und dreiteilig, wobei die seitlichen Abschnitte bis weit zum Grunde hinunter eingeschnitten sind; obere Stengelblätter mit 3 oder 5 Abschnitten.
Blütenstand: Stengel ein- bis mehrblütig.
Blüten: Kelchblätter 5, gelblich und gegen das Ende zu grünlich; Kronblätter 5, gelb und am Ende abgerundet; Staubblätter zahlreich; auf dem behaarten Blütenboden zahlreiche Fruchtknoten.
Früchte: Rundliche und kahle Nüsschen mit einem gebogenen Schnabel versehen.

64 Hahnenfuss-Hasenohr – Bupleúrum ranunculoídes L.

Merkmale: Von Juli bis August blühend, 20–50 cm hoch, fast ohne abgestorbene Blattscheiden und ausdauernd.
Standort: Von der montanen bis in die subalpine Stufe in Steinrasen und auf Felsen auf sonnigen, trockenen bis frischen, meist kalkhaltigen und auch steinigen Böden.
Laubblätter: Grundständige lanzettlich oder lineal, 5–10 cm lang, ganzrandig, mehr oder weniger gestielt und den Stengel zum Teil umfassend; Stengelblätter linealisch, meist ungestielt; Hochblätter 1. Ordnung (an der Ansatzstelle der Dolde) zu 2–5; Hochblätter 2. Ordnung meist 5, breit oval bis rundlich und hell gelbgrün.
Blütenstand: Dolde
Blüten: In den Dolden 2. Ordnung bis 20 Blüten; diese mit je 5 gelbgrünen bis gelben Kelch- und Kronblättern; Staubblätter 5; Fruchtknoten unterständig.
Früchte: Spaltfrüchte; Teilfrüchte dunkelbraun und mit 5 schmalen Hauptrippen.

65 Gelber Enzian – Gentiána lútea L.

Merkmale: Von Juni bis August blühend, 50–130 cm hoch, ausdauernd und mit dickem Rhizom.
Standort: In der montanen und subalpinen Stufe in Berg- und Fettwiesen, Weiden, Magerrasen, Hochstaudenfluren und bei Flachmooren auf wechselfeuchten, basen- und nährstoffreichen, meist kalkhaltigen und tonigen Böden.
Laubblätter: 6–20 cm lang, elliptisch bis breit elliptisch, paralleladerig, gegenständig angeordnet und blaugrün gefärbt.
Blütenstand: Blüten zu 3–10 in den Achseln der oberen Blätter angeordnet.
Blüten: Kelch häutig, 2–6zähnig und auf einer Seite scheidenförmig aufgeschlitzt; Kronblätter 5 oder 6, schmal elliptisch, zugespitzt, 2–3,5 cm lang und gelb gefärbt; Staubblätter 5; Fruchtknoten oberständig, vielsamig und aus 2 Fruchtblättern.
Früchte: An den Rändern sich öffnende Kapseln.

66 Berg-Nelkenwurz – Géum montánum L.

Merkmale: Von Mai bis August blühend, 10–40 cm hoch; ohne Ausläufer.
Standort: In der subalpinen und alpinen Stufe in Wiesen, Weiden, Magerrasen und bei Zwergstrauchgesellschaften auf mässig trockenen bis feuchten, kalkfreien, mehr oder weniger basenarmen, dafür etwas sauren und meist steinigen Böden.
Laubblätter: Gefiedert und bis 8 cm lang; seitliche Fiederblätter klein und mit 3–5 grossen Zähnen; Endfiederblatt sehr gross, etwas gelappt, mit breit abgerundeten Zähnen versehen und am Grunde oft schwach herzförmig.
Blütenstand: Einzelblüten
Blüten: 5–6zählig; Kelchblätter doppelt so viele wie Kronblätter, behaart und grün; Kronblätter rundlich, bis 2 cm lang und gelb; Staubblätter und Fruchtknoten zahlreich.
Früchte: Einsamige Nüsschen mit auffallend verlängertem und federig behaartem Griffel, der nach der Blütezeit bleibt.

67 Schwefel-Anemone – Pulsatílla sulphúrea (L.) DT. et S.

Merkmale: Von Mai bis Oktober blühend, 15–25 cm hoch und mit behaartem Stengel.
Standort: Meist in der subalpinen Stufe in Weiden und bei Zwergsträuchern auf mässig frischen, kalk- und nährstoffarmen, etwas sauren und modrig humosen Böden; in den Alpen besonders in den Urgesteinsketten.
Laubblätter: Meist nur ein grundständiges Blatt, das zur Fruchtzeit lange gestielt ist; die 3 Stengelblätter (=Hochblätter) am Grunde nicht verwachsen, dreiteilig und zusätzlich stark gefiedert und bis 20 cm breit.
Blütenstand: Einzelblüten
Blüten: 2–6 cm im Durchmesser; Perigonblätter meist 6, radiär angeordnet, innerseits kahl, ausserseits meist behaart und beiderseits schwefelgelb; Staubblätter zahlreich; keine Honigblätter vorhanden; Fruchtknoten zahlreich.
Früchte: Nüsschen mit bei der Reife 3–5 cm langen und behaarten Griffeln.

68 Aurikel, gelbe Felsen-Primel – Prímula aurícula L.

Merkmale: Im Mai blühend, 10–25 cm hoch und mit nur wenigen Drüsenhaaren an den Stengeln.
Standort: In der subalpinen und alpinen Stufe in Steinrasen und an Felsen auf sickerfrischen, meist kalkhaltigen, neutralen und humusarmen Steinböden; ein Spaltenwurzler.
Laubblätter: 6–12 cm lang, bis 6 cm breit, verkehrt eiförmig, allmählich in den kurzen und geflügelten Blattstiel verschmälert, fleischig, ganzrandig, im oberen Teil oft breit gezähnt, mit Mehltau und randständigen Drüsenhaaren.
Blütenstand: Gestielte Dolde mit ovalen Tragblättern.
Blüten: Kelchblätter 5, miteinander verwachsen und mehlig; Kronblätter 5, miteinander verwachsen, leuchtend gelb, am Schlundeingang mit einem mehligen Ring und duftend; Staubblätter 5; Fruchtknoten oberständig.
Früchte: 6–15 mm lange Kapseln.

69 Echtes Veilchen, Feld-Veilchen – Víola trícolor L.

Merkmale: Von März bis September blühend und 5–30 cm hoch.
Standort: In der montanen und subalpinen (seltener kollinen) Stufe in Wiesen, Äckern, Dünen, an grasigen Hängen und entlang von Wegrändern auf frischen, nährstoffreichen, oft kalkhaltigen, humosen und sandigen Lehmböden.
Laubblätter: 1–3 cm lang, oval bis lanzettlich, mit jederseits 2–5 Zähnen, seltener ganzrandig; Nebenblätter tief eingeschnitten, oft so lang wie die übrigen Blätter und mit stumpf gezähntem Endblatt.
Blütenstand: Lang gestielte Blüten einzeln in den Achseln eines Blattes.
Blüten: Kelchblätter 5, lanzettlich, zugespitzt und mit den Anhängseln bis 16 mm lang; Kronblätter 5, rundlich, violett, gelb oder weiss, aber auch mehrfarbig; unterstes Kronblatt mit dem Sporn 10–25 mm lang; Staubblätter 5; Fruchtknoten oberständig.
Früchte: Dreiklappig aufspringende Kapseln.

70 Gebirgsveilchen – Víola trícolor ssp. subalpína GAUDIN

Merkmale: Bis September blühend, 10–30 cm hoch, ausdauernd und wohlriechend.
Standort: In der montanen und subalpinen Stufe in Wiesen, Feldern und Weiden auf frischen, nährstoffreichen, meist kalkarmen und humosen Lehm- und Tonböden.
Laubblätter: Untere rundlich, mit herzförmigem Grund und gekerbtem Rand; obere lanzettlich und am Grunde keilförmig verschmälert; Nebenblätter tief fiederspaltig und mit grossem Endabschnitt.
Blütenstand: Lang gestielte Blüten einzeln in den Achseln eines Blattes.
Blüten: Kelchblätter 5, nicht verwachsen, lanzettlich, zugespitzt und mit den Anhängseln bis 20 mm lang; Kronblätter 5, nicht verwachsen, oval bis rundlich und gelb bis blau gefärbt; untere 3 Kronblätter mit dunklen Strichen; unterstes Kronblatt mit einem kräftigen dunkelgelben Fleck; Staubblätter 5; Fruchtknoten oberständig.
Früchte: Dreiklappig aufspringende Kapseln.

71 Grossblütiger Fingerhut – Digitális grandiflóra MILLER

Merkmale: Von Juni bis August blühend, 30–80 cm hoch und ausdauernd.
Standort: In der montanen und subalpinen Stufe in Hochstaudenfluren, lichten Wäldern, an Böschungen und an sonnigen Steinhalden auf sommerwarmen, frischen, humosen, nährstoff- und basenreichen Böden.
Laubblätter: Schmal bis breit lanzettlich, nach oben spitz zusammenlaufend, unregelmässig fein gezähnt, am Rande und unterseits auf den Adern deutlich behaart und nur im unteren Bereich gestielt; Pflanze drüsig behaart.
Blütenstand: Lange, einseitswendige Traube mit kurz gestielten Blüten.
Blüten: Kelchblätter 5, lanzettlich, zugespitzt und drüsig behaart; Kronblätter 5, glokkenförmig verwachsen, hellgelb, bis 4 cm lang und an der Aussenseite drüsig behaart; Staubblätter 4, nicht aus der Kronröhre herausragend; Fruchtknoten oberständig.
Früchte: Kapseln

72 Strauss-Glockenblume – Campánula thyrsoídes L.

Merkmale: Von Juni bis Juli blühend, 10–50 cm hoch, zweijährig und dicht beblättert.
Standort: In der subalpinen und alpinen Stufe in Bergwiesen und an sonnigen Rasenhängen auf sommerwarmen, frischen, mehr oder weniger nährstoff- und basenreichen, meist kalkhaltigen und oft steinigen Ton- und Lehmböden.
Laubblätter: 5–15 cm lang, schmal oval bis länglich, rauhhaarig, am Ende meist stumpf, ganzrandig und kaum gestielt.
Blütenstand: Blüten zu 1–3 in den Achseln der Blätter und zu einer dichten, endständigen Ähre zusammengefasst.
Blüten: Kelchblätter 5, im unteren Bereich verwachsen und mit behaarten Kelchzipfeln; Kronblätter 5, glockenförmig verwachsen, bis 2,5 cm lang, gelblich und dicht behaart; Staubblätter 5, behaart und den Griffel umschliessend; Fruchtknoten unterständig.
Früchte: Behaarte Kapseln sich in der Nähe des Grundes mit 3 Löchern öffnend.

73 Getüpfelter Enzian – Gentiána punctáta L.

Merkmale: Von Juli bis August blühend, 20–60 cm hoch, ausdauernd und mit einem dicken Rhizom.
Standort: In der subalpinen und alpinen Stufe in Wildheuplanken, Zwergstrauchgebüschen und auf Magerweiden auf frischen, kalkarmen, meist sauren, humosen, mehr oder weniger tiefgründigen und lehmigen oder tonigen Böden.
Laubblätter: 10–20 cm lang, bis 8 cm breit, breit lanzettlich bis oval, zugespitzt, ganzrandig und meist mit 5 parallel verlaufenden Hauptadern.
Blütenstand: Einzelblüten in den Achseln der Blätter; am Ende gehäuft.
Blüten: Kelch unregelmässig 5–8teilig und mit aufrechten Zipfeln; Kronblätter 5, glokkenförmig verwachsen, hellgelb, schwarz punktiert und mit 5–8 stumpfen Zipfeln; Staubblätter meist 5; Fruchtknoten oberständig und aus 2 Fruchtblättern.
Früchte: Kapseln, die an den Verwachsungsnähten aufspringen.

74 Arnika – Árnica montána L.

Merkmale: Von Juni bis August blühend, 15–60 cm hoch und ausdauernd.
Standort: In der subalpinen und alpinen Stufe in Bergwiesen, Silikat-Magerrasen, Weiden, an lichten Waldstellen und auch in sauren Mooren auf wechselfrischen bis frischen, nährstoff- und kalkarmen, sauren und modrig humosen Ton- und Lehmböden.
Laubblätter: Oval bis schmal oval, ganzrandig, gegenständig, am Rande meist behaart und am Stengel zu 1–3 Paaren; grundständige Blätter eine Rosette bildend.
Blütenstand: Mit den Strahlenblüten bis 8 cm im Durchmesser; pro Pflanze 1–5 Köpfchen; Köpfchenboden behaart.
Blüten: Strahlenblüten (=Zungenblüten) nur weiblich, mit 2–3 cm langen Kronen und behaarter Kronröhre; röhrenförmige Blüten zwittrig und mit 5 Staubblättern; Fruchtknoten unterständig.
Früchte: Achänen zylindrisch, 5–10rippig und mit bis 8 mm langem Pappus.

75 Alpen-Goldrute – Solidágo virgaúrea L. ssp. minúta (L.) ARCANGELI

Merkmale: Von Juli bis August blühend, 10–40 cm hoch und ausdauernd.
Standort: In der subalpinen und alpinen Stufe in Magerrasen, Wiesen, Weiden, Hochstaudenfluren und bei Zwergsträuchern auf mässig feuchten bis frischen Böden.
Laubblätter: Lanzettlich, im unteren und mittleren Bereich der Pflanze gestielt, im oberen Teil nur kurz gestielt oder sitzend, am Ende zugespitzt, meist ganzrandig und am Rande zerstreut behaart oder kahl; Stengel im Innern mit Mark.
Blütenstand: Köpfchen seitenständig in den Achseln von Laubblättern und endständig in einer dichten Rispe zusammengefasst.
Blüten: Strahlenblüten (=Zungenblüten) weiblich und viel länger als die Röhrenblüten; bei den letzteren die 5 gelben Kronblätter zu einer Röhre verwachsen; Staubblätter 5; Fruchtknoten unterständig.
Früchte: Achänen 4–6 mm lang und mit einem bis 5 mm langen Pappus.

76 Fuch's Kreuzkraut – Senécio fúchsii GMELIN

Merkmale: Von Juli bis September blühend, 50–130 cm hoch, ausdauernd und mit einem dünnen Rhizom.
Standort: In der montanen und subalpinen Stufe in Waldschlägen, Weiden und bei Gebüschen auf frischen, nährstoffreichen, humosen und meist mittelgründigen Lehmböden.
Laubblätter: Lanzettlich, in den schmal geflügelten Stiel verschmälert, zugespitzt, ganzrandig bis fein gezähnelt, kahl oder etwas behaart und oft mit rötlicher Hauptader.
Blütenstand: Zahlreiche Köpfchen in einer doldenartigen Rispe; Hüllblätter schmal lanzettlich; Blütenkopfboden etwas gewölbt, ohne Spreuschuppen und ohne Haare.
Blüten: Strahlenblüten (=Zungenblüten) weiblich, bis 20 mm lang und gelb; Röhrenblüten zwittrig, mit 5 verwachsenen Kronblättern, 5 Staubblättern und einem unterständigen Fruchtknoten.
Früchte: Achänen bis 4 mm lang, 10–15rippig und mit einem 8–12 mm langen Pappus.

77 Grossköpfige Gemswurz – Dorónicum grandiflórum LAM.

Merkmale: Von Juli bis August blühend, 20–50 cm hoch und ausdauernd.
Standort: In der alpinen Stufe verbreitet in lockeren meist kalkreichen Steinschuttböden an frischen bis feuchten, durchsickerten und lange mit Schnee bedeckten Standorten; Schuttkriecher; Pflanze mit hohlem Stengel.
Laubblätter: Grundständige breit oval, gestielt, am Spreitengrund gestutzt oder schwach herzförmig, am Ende abgerundet oder stumpf, meist buchtig gezähnt und etwas behaart; untere Stengelblätter mit verbreitertem Grund den Stengel etwas umfassend; obere Blätter sitzend.
Blütenstand: Am Ende der Stengel ein bis 4 mm breiter Blütenkopf.
Blüten: Strahlenblüten (=Zungenblüten) weiblich; Röhrenblüten zwittrig, mit 5 verwachsenen Kronblättern, 5 Staubblättern und einem unterständigen Fruchtknoten.
Früchte: Achänen zylindrisch, bis 4 mm lang und mit rauhen Pappushaaren.

78 Clusiu's Gemswurz – Dorónicum clúsii (ALL.) TAUSCH

Merkmale: Von Juli bis August blühend, 10–30 cm hoch und ausdauernd.
Standort: In der alpinen Stufe in Schutt- und Geröllhalden und auf Moränen auf feuchten, kalkarmen und lange mit Schnee bedeckten Grobschuttböden.
Laubblätter: Grundständige schmal oval bis oval, meist in den Stiel verschmälert, buchtig gezähnt bis ganzrandig und besonders am Rand mit einem dichten Haarkleid; stengelständige Blätter lanzettlich bis schmal oval und meist sitzend.
Blütenstand: Am Ende der Stengel mit je einem bis 6 cm breiten Blütenkopf; Hüllblätter 20–30, grünlich und lanzettlich; Stengel hohl und behaart.
Blüten: Strahlenblüten (=Zungenblüten) weiblich und bis 20 mm lang; Röhrenblüten zwittrig, mit 5 verwachsenen Kronblättern, 5 Staubblättern und einem unterständigen Fruchtknoten.
Früchte: Achänen zylindrisch, bis 4 mm lang und mit rauhen Pappusborsten.

79 Alpen-Kreuzkraut – Senécio alpínus (L.) SCOP.

Merkmale: Von Juli bis August blühend, 20–120 cm hoch und ausdauernd.
Standort: Meist in der subalpinen Stufe besonders um Alphütten, entlang von Bächen, auf Alpweiden und in Hochstaudenfluren auf frischen bis feuchten, nährstoffreichen, meist kalkhaltigen und tiefgründigen Lehm- und Tonböden.
Laubblätter: Dreieckig oder eiförmig bis herzförmig, gestielt, am Spreitengrund oft breit herzförmig, am Ende stumpf, unregelmässig grob gezähnt und unterseits graufilzig behaart; Stengel zerstreut behaart.
Blütenstand: Lang gestielte Köpfchen in einer doldenartigen Rispe; die bis 20 Hüllblätter am Grunde filzig behaart.
Blüten: Strahlenblüten (=Zungenblüten) weiblich, bis 15 mm lang und gelb; Röhrenblüten zwittrig, mit 5 verwachsenen Kronblättern, 5 Staubblättern; Fruchtknoten unterst.
Früchte: Achänen 2–4 mm lang, kahl und mit einem 5 mm langen gelblichen Pappus.

80 Gemswurz-Kreuzkraut – Senécio dorónicum L.

Merkmale: Von Juli bis August blühend, 20–60 cm hoch und ausdauernd.
Standort: In der subalpinen und alpinen Stufe in Wiesen, Kalkschutthalden und bei Zwergsträuchern auf frischen, kalkhaltigen und neutralen Böden.
Laubblätter: Lanzettlich bis schmal oval, besonders im unteren Teil des Stengels in einen Stiel verschmälert, im oberen Bereich sitzend, den Stengel zum Teil umfassend, gezähnt, etwas lederig und unterseits graufilzig; Stengel behaart und verzweigt.
Blütenstand: Am Ende des Stengels 1–5 Blütenköpfe; Hüllblätter filzig behaart und an der Spitze bärtig.
Blüten: Strahlenblüten (=Zungenblüten) weiblich, 15–20 mm lang und gold- oder orangegelb; Röhrenblüten zwittrig, mit 5 verwachsenen Kronblättern, 5 Staubblättern und einem unterständigen Fruchtknoten.
Früchte: Achänen 4–6 mm lang, zylindrisch, 10–12rippig; Pappus einreihig.

81 Felsen-Kreuzkraut – Senécio rupéstris W.u.K.

Merkmale: Von Juni bis September blühend, 20–50 cm hoch, meist 2-jährig und unangenehm riechend.
Standort: In der montanen und subalpinen Stufe bei Schuttstellen, Lägerstellen, an steinigen Hängen, entlang von Wegen und um Sennhütten auf frischen, mehr oder weniger nährstoff- und basenreichen, humosen oder rohen und oft kalkhaltigen Böden.
Laubblätter: Schmal oval bis lanzettlich, jederseits tief fiederteilig, mit deutlich nach vorn gerichteten Abschnitten, sitzend und unterseits graugrün; Abschnitte gezähnt.
Blütenstand: Köpfchen in unregelmässigen und doldenartigen Rispen.
Blüten: Die 12–15 Strahlenblüten (=Zungenblüten) weiblich und bis 15 mm lang; Röhrenblüten zwittrig, mit 5 verwachsenen gelben Kronblättern und einem unterständigen Fruchtknoten.
Früchte: Achänen 2–3 mm lang und mit einem bis 6 mm langen Pappus.

82 Ebereis-Kreuzkraut – Senécio abrotanifólius L.

Merkmale: Von Juli bis September blühend, 10–40 cm hoch und ausdauernd.
Standort: In der subalpinen und alpinen Stufe in Weiden und Trockenrasen auf mässig frischen, meist kalkarmen und etwas humosen Böden.
Laubblätter: Schmal oval bis oval, bis zur Mittelader 1–2fach fiederteilig, im unteren Teil der Pflanze gestielt, im oberen Bereich sitzend, kahl oder kurz behaart und mit lanzettlichen Abschnitten.
Blütenstand: Einzelköpfchen seitenständig in den Achseln von Laubblättern und zu 2–8 in einer doldenartigen Rispe; Hüllblätter etwas bewimpert bis bärtig behaart.
Blüten: Strahlenblüten (=Zungenblüten) weiblich, 10–15 mm lang und orangegelb bis orangerot gefärbt; Röhrenblüten zwittrig, mit 5 verwachsenen Kronblättern, 5 Staubblättern und einem unterständigen Fruchtknoten.
Früchte: Achänen 2–4 mm lang, 5–7rippig, kahl und mit einem gelblichen Pappus.

83 Graues Kreuzkraut – Senécio incánus L.

Merkmale: Von Juli bis August blühend, 5–15 cm hoch, ausdauernd und mit graufilzig behaartem Stengel.
Standort: In der alpinen Stufe in steinigen Rasen und im Felsschutt auf mässig trockenen bis frischen, kalkarmen, humosen und lockeren Böden.
Laubblätter: Lanzettlich bis oval, bis nahe der Mittelader fiederteilig, in den breiten Stiel verschmälert und dicht grau- bis weissfilzig behaart; Abschnitte mit stumpfen Zähnen oder tief eingeschnitten.
Blütenstand: Bis 15 Köpfchen am Ende der Stengel in einer doldenartigen Traube.
Blüten: Die 3–8 Strahlenblüten weiblich und dunkelgelb bis orangegelb gefärbt; Röhrenblüten zwittrig, mit 5 verwachsenen Kronblättern, 5 Staubblättern und einem unterständigen Fruchtknoten.
Früchte: Achänen 2–4 mm lang, bis 9rippig und mit einem gelblichen Pappus.

84 Grauzottiges Habichtskraut – Hierácium pilíferum HOPPE s.l.

Merkmale: Von Juli bis August blühend, 5–20 cm hoch, ausdauernd und mit deutlich behaartem Stengel.
Standort: In der alpinen Stufe in Geröllhalden, Silikat-Magerrasen und auf Moränen auf frischen, basenreichen, kalkarmen, sauren, etwas humosen und steinigen Ton- und Lehmböden.
Laubblätter: Grundständige lanzettlich bis zungenförmig, ganzrandig, gewellt oder mit kleinen Zähnen, deutlich lang behaart und am Ende abgerundet oder stumpf; die 3–8 Stengelblätter sitzend.
Blütenstand: Meist einköpfig; Hüllblätter mit zahlreichen, am Grunde dunklen Haaren.
Blüten: Alle zungenförmig und zwittrig; die 5 Kronblätter zu einer hell- bis mittelgelben Zunge verwachsen; Staubblätter 5; Fruchtknoten unterständig.
Früchte: Achänen 2–3 mm lang, dunkelbraun und mit gelblichem Pappus.

85 Berg-Pippau – Crépis pontána (L.) D.T.

Merkmale: Von Juli bis August blühend, 25–50 cm hoch und ausdauernd.
Standort: In der subalpinen Stufe in sonnigen Wildgrashalden auf frischen, sommerwarmen, basenreichen, meist kalkhaltigen, humosen und steinigen oder reinen Lehm- und Tonböden; Pflanze mit langer Pfahlwurzel.
Laubblätter: Breit lanzettlich bis schmal oval, im unteren Teil der Pflanze in den kurzen Stiel verschmälert, im oberen Bereich sitzend und den Stengel mit abgerundetem Grund etwas umfassend, entfernt und spitz gezähnt, am Ende zugespitzt und besonders unterseits den Adern entlang behaart.
Blütenstand: Einköpfig; Hüllblätter lanzettlich, bis 20 mm lang und behaart.
Blüten: Alle strahlenförmig und zwittrig; 5 Kronblätter zu einer mittelgelben Zunge verwachsen; Staubblätter 5; Fruchtknoten unterständig und aus 2 Fruchtblättern.
Früchte: Achänen bis 12 mm lang, mit 17 ungleichen Rippen und gelblichem Pappus.

86 Einköpfiges Ferkelkraut – Hypochoéris uniflóra VILL. s.l.

Merkmale: Von Juli bis August blühend, 15–50 cm hoch und ausdauernd.
Standort: In der subalpinen und alpinen Stufe in sonnigen Silikatmagerrasen, Wiesen und Borstgrasweiden auf frischen, basenreichen, kalkfreien, sauren, humosen und mittelgründigen Lehm- und Tonböden.
Laubblätter: Lanzettlich bis oval, sitzend, am Ende stumpf oder abgerundet, mit entfernt liegenden spitzen Zähnen, nicht gefleckt und beiderseits steif rauhhaarig.
Blütenstand: Am Ende des oben deutlich verdickten Stengels ein vielblütiges Köpfchen; Hüllblätter schwarz und weiss behaart.
Blüten: Alle strahlenförmig und zwittrig; die 5 Kronblätter zu einer hell- bis mittelgelben Zunge verwachsen; Staubblätter 5; Fruchtknoten unterständig und aus 2 Fruchtblättern verwachsen.
Früchte: Achänen mit dem Schnabel bis 20 mm lang, braun gefärbt und mit Pappus.

87 Stengelumfassendes Habichtskraut – Hierácium amplexicáule L.

Merkmale: Von Juni bis August blühend, 10–40 cm hoch, ausdauernd und bereits im unteren Drittel verzweigt.
Standort: In der montanen und subalpinen Stufe in Fels- und Mauerspalten, im Geröll und an steinigen Hängen auf mässig trockenen bis mässig frischen, kalkarmen oder kalkreichen und steinigen Böden.
Laubblätter: Grundständige lanzettlich bis oval, meist in einen geflügelten Stiel verschmälert, zugespitzt oder stumpf, gezähnt, oft etwas behaart und durch Drüsenhaare etwas klebrig; Stengelblätter den Stengel zum Teil umfassend.
Blütenstand: Bis 12köpfig; Hüllblätter mit Drüsenhaaren und am Ende bärtig behaart.
Blüten: Alle zungenförmig und zwittrig; die 5 Kronblätter zu einer mittelgelben Zunge verwachsen; Staubblätter 5; Fruchtknoten unterständig.
Früchte: Achänen 3–4 mm lang, schwarz gefärbt und mit gelblichweissem Pappus.

88 Schabenkraut-Pippau – Crépis pyrenáica (L.) GREUTER

Merkmale: Von Juni bis August blühend, 20–50 cm hoch und ausdauernd.
Standort: In der subalpinen Stufe in Hochstaudenfluren, Wildgrashalden und Mähwiesen auf frischen bis feuchten, meist kalkhaltigen, humosen, nährstoff- und basenreichen Böden.
Laubblätter: Grundständige zur Blütezeit verdorrt; Stengelständige lanzettlich bis schmal oval, sitzend, den Stengel mit 2 lang zugespitzten Zipfeln umfassend, am Ende zugespitzt und unregelmässig buchtig gezähnt.
Blütenstand: 2–8köpfig; Hüllblätter 10–15 mm lang und gelblich bis schwarz behaart.
Blüten: Alle zungenförmig und zwittrig; die 5 Kronblätter zu einer gelben Zunge verwachsen und im äusseren Teil des Kopfes bis 25 mm lang; Kronröhre kahl; Staubblätter 5; Fruchtknoten unterständig.
Früchte: Achänen 5–8 mm lang, bis 20rippig und mit weissem Pappus.

89 Weissliches Habichtskraut – Hierácium intybáceum ALL.

Merkmale: Von Juli bis August blühend, 5–30 cm hoch, ausdauernd und einfach oder gabelig verzweigt.
Standort: In der subalpinen und alpinen Stufe verbreitet in Rasen, Zwergstrauchheiden, im Geröll und an sonnigen Felsen auf mässig trockenen bis frischen, kalkarmen, silikatreichen, lockeren und steinigen Böden; besonders in den Zentral- und Südalpen.
Laubblätter: Schmal lanzettlich bis lanzettlich, oft den Stengel umfassend, zugespitzt, unregelmässig gezähnt, durch zahlreiche Drüsenhaare klebrig und nur stengelständig.
Blütenstand: Bis 6köpfig; Hüllblätter schmal lanzettlich, zugespitzt und mit zahlreichen Drüsenhaaren; Leisten auf dem Blütenkopfboden bewimpert.
Blüten: Alle strahlenförmig und zwittrig; die 5 Kronblätter zu einer gelblichweissen Zunge verwachsen; Staubblätter 5; Fruchtknoten unterständig.
Früchte: Achänen 3–4 mm lang, dunkelbraun und mit gelblichweissem Pappus.

90 Alpen-Löwenzahn – Leóntodon montánum LAM.

Merkmale: Von Juli bis August blühend, 5–10 cm hoch, ausdauernd und mit einem dicken, knotigen und kurzen Rhizom.
Standort: In der alpinen Stufe im Felsschutt auf frischen bis mässig feuchten, basenreichen, meist kalkhaltigen, rohen, lockeren, auch bewegten und lange vom Schnee bedeckten Kalk- und Kalkschieferböden.
Laubblätter: Grundständige lanzettlich, beinahe bis zur Mittelader eingeschnitten oder nur entfernt fein gesägt und unterseits auch etwas behaart.
Blütenstand: Blüten einzeln in einem endständigen Köpfchen; Hüllblätter bis 15 mm lang, zugespitzt, dicht und dunkel behaart.
Blüten: Alle Blüten zungenförmig und gelb; Zunge aus 5 verwachsenen Kronblättern bestehend; Staubblätter 5; Fruchtknoten unterständig.
Früchte: Achänen mit weissem Pappus.

91 Zwerg-Pippau – Crépis pygmaéa L.

Merkmale: Von Juli bis August blühend, 5–15 cm hoch, ausdauernd, mit kurzem Rhizom und meist bogig aufsteigend.
Standort: In der alpinen (seltener subalpinen) Stufe auf mässig frischen bis feuchten, meist ruhenden und kalkreichen Schuttböden.
Laubblätter: 3–8 cm lang, lanzettlich bis schmal oval, unregelmässig gezähnt oder fiederteilig, mit grossem Endabschnitt, oft weissfilzig, grünviolett gefärbt und mit geflügeltem Stiel.
Blütenstand: Blütenköpfe mit weissfilzig behaarten Stielen; Hüllblätter bis 15 mm lang, weissfilzig, dunkelgrün bis schwärzlich und meist etwas weiss berandet.
Blüten: Nur Zungenblüten; diese aus 5 Kronblättern verwachsen, bis 15 mm lang, mit 5 Staubblättern und einem unterständigen Fruchtknoten.
Früchte: Achänen bis 6 mm lang, bis 25rippig und mit weisslichem Pappus.

92 Ysopblättriges Gliedkraut – Sideritis hyssopifólia L.

Merkmale: Von Juli bis September blühend, 10–30 cm hoch und mit unterirdischen holzigen Stengeln.
Standort: In der subalpinen Stufe in Kalkfelsen auf trockenen Böden.
Laubblätter: Lanzettlich bis oval, im oberen Teil am breitesten, ganzrandig oder mit einzelnen groben Zähnen, am Ende abgerundet, zerstreut behaart, gegenständig angeordnet und nur im unteren Bereich der Pflanze kurz gestielt.
Blütenstand: Scheinähre mit zahlreichen bis 6blütigen Teilblütenständen.
Blüten: Kelchblätter 5, verwachsen und mit stachelig begrannten Zähnen; Kronblätter 5, verwachsen, in Ober- und Unterlippe gegliedert, hellgelb und 6–10 mm lang; Oberlippe im oberen Teil meist etwas gebogen; Staubblätter 4, nicht aus der Kronröhre herausragend; Fruchtknoten oberständig.
Früchte: Teilfrüchte eiförmig, bis 2 mm lang und glatt.

93 Zottiger Klappertopf – Rhinánthus alectorólophus POLLICH

Merkmale: Von Mai bis August blühend, 10–50 cm hoch und meist verzweigt.
Standort: Von der kollinen bis in die subalpine Stufe in Wiesen und Weiden auf eher feuchten, kalkhaltigen, nährstoff- und basenreichen, neutralen und humosen Lehmböden; eine formenreiche Sippe; guter Lehmzeiger.
Laubblätter: 2–6 cm lang, lanzettlich bis schmal dreieckig, regelmässig gezähnt, behaart und gegenständig angeordnet.
Blütenstand: Blüten einzeln in den Achseln der oberen Stengelblätter.
Blüten: Kelchblätter verwachsen, bauchig, seitlich abgeflacht, vierzähnig und anliegend behaart; Kronblätter 15–25 mm lang, verwachsen, mit langer Röhre und zweilippig; Kronröhre leicht nach oben gebogen; Oberlippe helmförmig und mit einem meist violetten Zahn; Unterlippe dreiteilig; Staubblätter 4; Fruchtknoten oberständig.
Früchte: Zweiklappig aufspringende Kapseln.

94 Kleinblütiger Augentrost – Euphrásia mínima JACQ. ex DC

Merkmale: Von Juli bis September blühend, 2–10 cm hoch und einjährig.
Standort: In der subalpinen und alpinen Stufe in Magerrasen auf frischen, kalkarmen, silikathaltigen, sauren und humosen Lehmböden; eine vielgestaltige Gebirgspflanze.
Laubblätter: 1–2 cm lang, rundlich, behaart, jederseits mit 2–4 stumpfen oder fein zugespitzten, aber nicht begrannten Zähnen, meist ungestielt und besonders im unteren Bereich gegenständig angeordnet.
Blütenstand: Blüten in den Achseln der oberen Stengelblätter.
Blüten: Kelchblätter 4, verwachsen, 3–5 mm lang, mit kurzen Drüsenhaaren und 4 zugespitzten Zähnen; Kronblätter 4, bis 8 mm lang, zu einer Röhre verwachsen, mit einer gelblichen, rötlichen oder bläulichen Oberlippe und einer weisslich oder lilafarbenen Unterlippe; Staubblätter 4; Fruchtknoten oberständig.
Früchte: Zweiklappig aufspringende Kapseln.

95 Alpen-Wundklee – Anthýllis vulnerária ssp. alpéstris A. u. G.

Merkmale: Von Juni bis August blühend, 10–30 cm hoch und oft nur 2jährig.
Standort: Von der montanen bis in die alpine Stufe in Wiesen, Weiden, Alluvionen und an Grashängen auf mehrheitlich trockenen, steinigen, basenreichen und kalkhaltigen Böden.
Laubblätter: Unpaarig gefiedert mit 1–5 Blattpaaren; Endfiederblatt grösser als die seitlichen Teilblätter; selten nur einfache Blätter.
Blütenstand: Dichte kopfartige Blütenstände.
Blüten: Fast ungestielt; Kelch meist bauchig erweitert, anliegend bis abstehend behaart, hellgelb gefärbt und mit 5 kurzen Zähnen; Kronblätter hell- bis goldgelb, gelegentlich rot überlaufen und in Schiffchen, Fahne und 2 Flügel gegliedert; Staubblätter 10; Fruchtknoten oberständig.
Früchte: Meist einsamige Nüsschen.

96 Alpen-Hornklee – Lótus alpínus L.

Merkmale: Von Juni bis August blühend, 3–10 cm hoch und mit niederliegenden bis aufsteigenden Stengeln.
Standort: In der subalpinen und alpinen Stufe in steinigen Weiden, Rasen, Alluvionen, Schutthalden und Schneetälchen auf steinigen Böden.
Laubblätter: Unpaarig gefiedert; die 5 Teilblätter breit lanzettlich bis verkehrt eiförmig, am Ende stumpf, abgerundet oder ausgerandet, ganzrandig und deutlich behaart; die 2 untersten Teilblätter dem Blattgrund anliegend.
Blütenstand: Am Ende der Zweige jeweils 1–3 Blüten.
Blüten: Geruchlos und 14–18 mm lang; Kelchblätter 5; Kronblätter oft rot überlaufen und nach dem Verblühen oft orange gefärbt; Schiffchenspitze bräunlich bis rot; Staubblätter 10; Fruchtknoten oberständig.
Früchte: Hülsen

97 Braun-Klee – Trifólium bádium SCHREBER

Merkmale: Von Juli bis August blühend, 10–20 cm hoch und ausdauernd.
Standort: In der subalpinen Stufe in Wiesen, Weiden, Schneetälchen, bei Quellfluren und an Lägerstellen auf frischen bis feuchten, nährstoff- und basenreichen, humosen, meist etwas dichten Lehm- und Tonböden; eine gute und wertvolle Futterpflanze.
Laubblätter: Die 3 Teilblätter schmal oval bis oval, mit der grössten Breite in der Mitte, meist kahl, fein gezähnelt, 1–2 cm lang und am Ende meist abgerundet.
Blütenstand: 20–50blütige und kopfartige Traube am Ende der Stengel oder in den Achseln der obersten Stengelblätter.
Blüten: Kelchzipfel 5, Kelchblätter schmal dreieckig, kahl oder mit einzelnen Wimpernhaaren; Kronblätter goldgelb, 5–9 mm lang und nach dem Verblühen dunkelbraun; Fahne 2–3mal so lang wie das Schiffchen; Staubblätter 10; Fruchtknoten oberständig.
Früchte: Einsamige Nüsschen.

98 Feld-Spitzkiel – Oxýtropis campéstris (L.) DC

Merkmale: Von Juni bis August blühend, 5–15 cm hoch und drüsenlos.
Standort: In der alpinen Stufe in Wiesen und Weiden auf mässig trockenen und oft entkalkten Böden.
Laubblätter: Unpaarig gefiedert, gestielt und mit 10–15 Paaren von Fiederblättern; diese sind 5–15 mm lang, lanzettlich, meist zugespitzt und oft zerstreut behaart.
Blütenstand: Aufrechte und lang gestielte Traube mit 8–18 Blüten.
Blüten: Kelchblätter 5, verwachsen und mit schwarzen und weissen Haaren; Kelchzähne meist dunkler gefärbt; Krone 15–20 mm lang, gelblichweiss gefärbt und auch bläulich bis violett überlaufen; Schiffchen vorn mit einer deutlich aufgesetzten Spitze und beiderseits mit zwei schwarzvioletten Flecken versehen; Staubblätter 10; Fruchtknoten oberständig.
Früchte: Hülsen 1–2 cm lang, blasenartig erweitert und zum Teil dunkel behaart.

99 Blattreiches Läusekraut – Pediculáris foliósa L.

Merkmale: Von Juni bis Juli blühend, 15–50 cm hoch und ausdauernd.
Standort: Von der montanen bis in die alpine Stufe in grasigen Berghängen und Hochstaudenfluren auf frischen, basenreichen und kalkhaltigen Lehm- und Tonböden.
Laubblätter: Bis zur Mittelader fiederteilig, 10–25 cm lang, bis 8 cm breit, kahl oder unterseits zerstreut behaart, im Blütenstand länger als die Blüten und mit behaartem Blattstiel; Fiederblätter ebenfalls tief fiederteilig.
Blütenstand: Dichtblütige Traube.
Blüten: Kelchblätter 5, verwachsen, 8–10 mm lang, behaart und mit ganzrandigen Zähnen; Krone 20–30 mm lang, hell- bis schwefelgelb, mit dreiteiliger und stark abstehender Unterlippe und einer leicht gewölbten Oberlippe; die 4 Staubblätter von der Oberlippe eingeschlossen; Fruchtknoten oberständig.
Früchte: Kapseln eiförmig, mit schief aufgesetzter Spitze und einseitig aufspringend.

100 Knolliges Läusekraut – Pediculáris tuberósa L.

Merkmale: Von Juni bis August blühend und 10–20 cm hoch; Stengel aufsteigend.
Standort: In der subalpinen und alpinen Stufe in Wiesen und Weiden auf trockenen, humosen, kalkarmen und sauren Lehmböden.
Laubblätter: 3–15 cm lang, lanzettlich bis schmal oval und bis zur Mittelader fiederteilig; Fiederblätter ebenfalls tief fiederteilig und mit fein gezähnten Zipfeln; Blätter im Blütenstand kürzer als die Blüten.
Blütenstand: Kurze Traube, die zu Beginn der Blütezeit so dick wie lang ist.
Blüten: Bis 90 Grad um ihre Achse gedreht; Kelchblätter 5, verwachsen, 6–10 mm lang, mit fein gezähnten Zipfeln und ausserseits etwas behaart; Krone 15–20 mm lang und hellgelb; Oberlippe ohne Zähne und in einen langen Schnabel verschmälert; die 4 Staubblätter von der Oberlippe eingeschlossen; Fruchtknoten oberständig.
Früchte: Kapseln

101 Türkenbundlilie – Lílium mártagon L.

Merkmale: Von Juni bis Juli blühend, 20–90 cm hoch, ausdauernd und mit Zwiebeln.
Standort: Von der kollinen bis in die subalpine Stufe in Wiesen, Hochstaudenfluren und Wäldern auf sickerfrischen bis wasserzügigen, nährstoff- und basenreichen, humosen, lockeren und auch tiefgründigen Böden.
Laubblätter: 4–15 cm lang, bis 4 cm breit, schmal oval, in der Mitte am breitesten, zugespitzt, sitzend und zu 4–8 quirlständig zusammengedrängt; im oberen Teil der Pflanze wechselständig.
Blütenstand: 3–10blütige Traube.
Blüten: Lang gestielt und hängend; Perigonblätter 6, schmal oval, ausgezogen bis 7 cm lang, von der Mitte an zurückgebogen, schmutzig hellpurpurn und mit dunkelroten Flekken; Staubblätter 6; Fruchtknoten oberständig und aus 3 Fruchtblättern verwachsen.
Früchte: Dreifächerige Kapseln mit zahlreichen Samen.

102 Schwarzblütiges Männertreu – Nigritélla nígra (L.) RCHB.

Merkmale: Von Juni bis August blühend, 10–25 cm hoch, ausdauernd und mit handförmig geteilten Knollen.
Standort: In der subalpinen und alpinen Stufe in Weiden, Magerrasen und Zwergstrauchgesellschaften auf mässig frischen, basenreichen, meist auch kalkhaltigen, neutralen und modrig humosen Lehmböden.
Laubblätter: 5–15 cm lang, linealisch, hohlrinnig und aufwärts gerichtet.
Blütenstand: 1–2 cm lange und dichtblütige Ähre mit oft kugeligem Aussehen.
Blüten: Meist rotschwarz, dunkelrotbraun oder leuchtend rot gefärbt und mit starkem Vanilleduft; Perigonblätter 5–7 mm lang und sternförmig abstehend; äussere Perigonblätter doppelt so lang wie die inneren; Sporn sackartig erweitert; Fruchtknoten unterständig und aus 3 Fruchtblättern verwachsen.
Früchte: Vielsamige Kapseln.

103 Feuerlilie – Lílium bulbíferum L. ssp. bulbíferum

Merkmale: Von Juni bis Juli blühend, 30–80 cm hoch, ausdauernd und mit Zwiebeln versehen.
Standort: Von der kollinen bis in die subalpine Stufe in Felsen, Wiesen und bei Hekken auf trockenen und steinigen Böden.
Laubblätter: Schmal lanzettlich, 3–10 cm lang, zugespitzt und besonders im oberen Teil wechselständig angeordnet; in den Winkeln der meisten Blätter grünliche Brutknöllchen vorhanden.
Blütenstand: Blüten zu 1–5 am Ende des Stengels doldig angeordnet.
Blüten: Aufrecht, lebhaft orangerot und mit braunen Flecken; Perigonblätter 6, oval, zugespitzt und gegen die Basis zu keilförmig verschmälert; die 6 Staubblätter mit rötlichen Staubfäden; Fruchtknoten oberständig.
Früchte: Vielsamige Kapseln.

104 Rundblättriges Täschelkraut – Thláspi rotundifólium (L.) GAUDIN

Merkmale: Von Juni bis Juli blühend, 5–12 cm hoch und ausdauernd.
Standort: In der subalpinen und alpinen Stufe in Steinschutthalden auf sickerfrischen, humus- und feinerdearmen, lockeren, sich bewegenden und meist groben Kalkschuttböden; Pflanze mit lange kriechenden Stengeln.
Laubblätter: An den nichtblühenden Stengeln gegenständig bis wechselständig, an blühenden Trieben am Grunde in einer Rosette und im oberen Teil meist wechselständig; Blätter oval bis rundlich, unbehaart, blaugrün und ganzrandig oder schwach gezähnt.
Blütenstand: Vielblütige Dolde mit grünlichrot gefärbten Blütenstielen.
Blüten: Kelchblätter 4, rotgrün, kahl, weisslich berandet und 2–5 mm lang; Kronblätter 4, bis 10 mm lang, lila, meist etwas dunkel geadert und am Ende abgerundet oder etwas eingeschnitten; Staubblätter 6; Fruchtknoten oberständig.
Früchte: Schoten 3–8 mm lang.

105 Wald-Weidenröschen – Epilóbium angustifólium L.

Merkmale: Von Juni bis August blühend, 40–140 cm hoch und mit stumpfkantigen Stengeln; oft massenhaft auftretend.
Standort: Von der kollinen bis in die subalpine Stufe in Staudenfluren, Waldlichtungen, entlang von Wegen, auf Schuttplätzen, im Felsschutt und an Ufern auf frischen, nährstoffreichen und humosen Lehmböden.
Laubblätter: 5–15 cm lang, bis 2 cm breit, lanzettlich, nach dem abgerundeten Spreitengrund zu allmählich verschmälert, zugespitzt und mit umgebogenem Rand.
Blütenstand: Endständige, vielblütige und aufrechte Traube.
Blüten: Kelchblätter 4, schmal lanzettlich, oft so lang wie die Kronblätter und meist dunkelrot gefärbt; Kronblätter 4, rundlich bis breit oval, bis 15 mm lang, flach ausgebreitet und purpurrot; Staubblätter 8; Fruchtknoten unterständig.
Früchte: Durch Längsspalten sich öffnende und leicht behaarte Kapseln.

106 Fleischers Weidenröschen – Epilóbium fleischeri HOCHSTETTER

Merkmale: Von Juli bis August blühend, 20–50 cm hoch, mit zahlreichen Stengeln und bogig aufsteigend.
Standort: In der subalpinen und alpinen Stufe auf Moränen, Felsschutt, an Gletscherbächen und im Kies der Gebirgsflüsse auf wechseltrockenen, basenreichen, lockeren, kalk- und feinerdearmen Sand- und Kiesböden.
Laubblätter: 3–5 cm lang, lineal lanzettlich, kahl, mit vielen zahnähnlichen Drüsen und einer deutlich sichtbaren Mitteläder.
Blütenstand: Meist Blüten einzeln in Blattachseln.
Blüten: Lang gestielt; Kelchblätter 4, schmal lanzettlich, meist so lang wie die Kronblätter und braunrot; Kronblätter 4, oval, bis 2 cm lang und dunkelrosa; Staubblätter 8; Fruchtknoten unterständig; Griffel bis zur Mitte oder darüber hinaus behaart.
Früchte: Durch Längsspalten sich öffnende Kapseln; Samen mit Haarschopf.

107 Steinschmückel – Petrocállis pyrenáica (L.) BR.

Merkmale: Von Juni bis Juli blühend, 3–10 cm hoch, rasenbildend und mit einem dünnen, verzweigten Wurzelstock.
Standort: In der alpinen Stufe in Felsspalten, Steinrasen und auf Felsschutt auf sonnigen und feinerdearmen Kalk- und Dolomitgesteinen.
Laubblätter: 5–9 mm lang, 3teilig (seltener 5teilig) und bewimpert.
Blütenstand: Einzelblüten oder wenigblütige Traube; Stengel fast nur aus dem Blütenstand bestehend.
Blüten: Kelchblätter 4, schmal oval, 2–3 mm lang, rötlich gefärbt; Kronblätter 4, breit oval, 4–6 mm lang, vorn abgerundet, hell lila, mit dunkleren Streifen und flach ausgebreitet; ältere Blüten heller gefärbt; die 2 äusseren kürzeren und 4 inneren längeren Staubblätter deutlich über den Kronenrand hervortretend; Fruchtknoten oberständig.
Früchte: Schoten 4–6 mm lang, netzaderig, kahl und mit kurzem Griffel.

108 Rundblättriges Fettkraut – Sédum anacámpseros L.

Merkmale: Von Juli bis September blühend, 10–25 cm hoch, ausdauernd und bogig aufsteigend.
Standort: In der subalpinen und alpinen Stufe in Schutthalden, an Felsen und felsigen Hängen auf saurer Gesteinsunterlage; kalkfliehend.
Laubblätter: 1–3,5 cm lang, oval bis verkehrt eiförmig, flach, ganzrandig, am Ende stumpf oder abgerundet, sitzend, fleischig und wechselständig angeordnet.
Blütenstand: Vielblütige und halbkugelige Trugdolde.
Blüten: Kelchblätter 5, schmal oval, 3–5 mm lang, zugespitzt, auf hellgelbem Grund oft mit roten Flecken und mit einwärts gebogener hakenförmiger Spitze; Kronblätter 5, bis 8 mm lang, schmutzigrot bis schmutzigrosa und oberseits mit roten Flecken oder Längsstreifen; Staubblätter 10; Fruchtblätter oberständig.
Früchte: Mehrsamige Balgfrüchte auf der Innenseite in der Längsrichtung aufspringend.

109 Gemeine Hauswurz – Sempervívum tectórum L.

Merkmale: Von Juli bis August blühend, 30–60 cm hoch und ausdauernd.
Standort: Von der montanen bis in die alpine Stufe in Felsbandrasen und trockenen Wiesen in sonniger Lage auf kalkfreier Unterlage (auch auf trockenen Silikatfelsen).
Laubblätter: Rosettenblätter rasch zugespitzt, grünlich bis hellrot, auf den Flächen oft kahl und am Rande deutlich gewimpert; Stengelblätter meist langsam zugespitzt, grünlich bis rotbraun, unterseits an der Spitze oft dunkelrot und am Rande bewimpert.
Blütenstand: Mehrere doldenartige Äste endständig angeordnet; bis 30 Blüten.
Blüten: Die 12–16 Kelchblätter am Grunde meist miteinander verwachsen; die 12 bis 16 Kronblätter lanzettlich, purpurrosa bis schmutzigbraun, 8–12 mm lang, deutlich gewimpert und fein zugespitzt; Staubblätter doppelt so viele wie Kronblätter; 12–16 freie Fruchtblätter ringförmig angeordnet.
Früchte: Mehrsamige Balgfrüchte.

110 Spinnweb-Hauswurz – Sempervívum arachnoídeum L.

Merkmale: Von Juni bis August blühend, 5–20 cm hoch und ausdauernd.
Standort: Von der kollinen bis in die alpine Stufe in Silikatmagerrasen, Steinschutthalden, Blockfeldern und auf Felsköpfen auf sommerwarmen, trockenen, nährstoff- und basenarmen, kalkfreien und feinerdearmen Böden.
Laubblätter: Rosettenblätter lanzettlich, mit rotbrauner Spitze und bei Pflanzen sonniger Standorte mit Haarüberzug; Stengelblätter schmal oval, langsam zugespitzt, dem Stengel anliegend, fleischig, drüsig und gelblich bis rötlich gefärbt.
Blütenstand: Einzelne Dolde oder mehrere doldenartige Äste.
Blüten: Die 6–12 Kelchblätter am Grunde meist verwachsen; Kronblätter schmal oval, kurz zugespitzt, hellrot bis karminrot, mit je einem dunkelroten Streifen und drüsig bewimpert; Staubblätter doppelt so viele wie Kronblätter; Fruchtblätter zahlreiche.
Früchte: Vielsamige Balgfrüchte.

111 Gletscher-Nelke – Diánthus glaciális HAENKE

Merkmale: Von Juni bis August blühend, 2–6 cm hoch und ausdauernd.
Standort: In der alpinen Stufe in Rasen und auf windexponierten Graten auf steinigen und kalkhaltigen Böden.
Laubblätter: Lineal lanzettlich, 2–5 cm lang, kurz zugespitzt oder stumpf und sitzend; Blattscheiden bis 2mal so lang wie die Blattbreite; auch mit steriler Blattrosette.
Blütenstand: Blüten einzeln am Ende der Stengel.
Blüten: Kelchblätter 5, röhrenförmig verwachsen, bis 15 mm lang und kahl; Kelchschuppen oval, gleichlang oder länger als die Kelchröhre und langsam in eine Spitze verschmälert; Kronblätter 5, breit oval, bis 10 mm lang, oberseits hellviolett bis purpurn, gegen den Schlund zu mit dunkelroten Strichen, Streifen oder Punkten, mit Haaren um den Schlundeingang und deutlich gezähnt; Staubblätter 10; Fruchtknoten oberständig.
Früchte: Sich mit Zähnen öffnende Kapseln.

112 Stein-Nelke – Diánthus sylvéstris WULF.

Merkmale: Von Juni bis August blühend, 10–40 cm hoch und mit kahlem Stengel.
Standort: Von der kollinen bis in die alpine Stufe auf trockenwarmen Hügeln, in Felsen, felsigen Hängen und steinigen Wiesen auf trockenen und steinigen Böden.
Laubblätter: Grasförmig, 3–12 cm lang, 1–2 mm breit, am Rande rauh und gras- oder meergrün; Blattscheiden 2–5 mm breit.
Blütenstand: 1–4blütig, oft nur 1blütig.
Blüten: 1,5–2 cm im Durchmesser; Aussenkelchblätter 2–4 und etwa 1/4 so lang wie die Krone; Kelchschuppen meist 2; Kelchblätter zu einer Röhre verwachsen; Kronblätter 5, oval, gegen den Grund zu keilförmig verschmälert, rosa, am Schlunde kahl und am Ende gezähnt; Staubblätter 10; Fruchtknoten oberständig; Blüte schwach oder nicht duftend.
Früchte: Sich mit Zähnen öffnende Kapseln.

113 Alpen-Grasnelke – Arméria alpína WILLD.

Merkmale: Von Juni bis September blühend, 5–20 cm hoch, ausdauernd und meist in dichten Polster wachsend; Stengel kahl und blattlos.
Standort: In der subalpinen und alpinen Stufe in Felsspalten, offenen lückigen Rasengesellschaften und im Felsschutt auf steinigen und kalkarmen Böden; nur in den zentralen und südlichen Alpenketten wachsend.
Laubblätter: Schmal lineal und damit grasähnlich, gegen den Grund zu etwas verschmälert, bis 8 cm lang, stumpf, kahl und ganzrandig.
Blütenstand: Blüten in kurzen, meist 3blütigen Wickeln; diese eine 2–3 cm breite Kugel bildend.
Blüten: Kelchblätter 5 und röhrenförmig verwachsen; Kronblätter 5, verwachsen und leb- haft rosa bis karminrot; Staubblätter 5; Fruchtknoten oberständig.
Früchte: Kapseln

114 Stengelloses Leimkraut – Siléne acaúlis (L.) JACQ.

Merkmale: Von Juni bis August blühend, 1–3 cm hoch und ausdauernd.
Standort: In der alpinen Stufe in steinigen Rasen, bei Graten, Schutthängen und lückigen Steinrasen auf mässig frischen, steinigen, lockeren und meist kalkhaltigen Böden.
Laubblätter: Schmal lanzettlich, 4–12 mm lang, stumpf oder zugespitzt und an den Rändern bewimpert; dichte Polster bildend.
Blütenstand: Blüten einzeln am Ende von 1–3 cm langen Stengeln.
Blüten: Zwittrig, weiblich und männlich; Kelchblätter 5, bis weit hinauf verwachsen, 3–8 mm lang, kahl, vielfach rötlich und 10aderig; Kronblätter 5 und verwachsen; Kronröhre bis 12 mm lang; ihre ausgebreiteten Teile schmal verkehrt eiförmig, purpurrot gefärbt und am oberen Ende deutlich ausgerandet; Staubblätter 10; Staubfäden weisslich bis rötlich; Staubbeutel hellgelb; Fruchtknoten oberständig.
Früchte: Kapseln 6–12 mm lang und sich mit 6 Zähnen öffnend.

115 Felsen-Primel – Prímula hirsúta ALL.

Merkmale: Von Juni bis Juli blühend, 5–15 cm hoch und ausdauernd.
Standort: In der subalpinen und alpinen Stufe in Rasen, an Felsen und in ruhendem Schutt auf steinigen, kalkarmen und schwach sauren bis basischen Böden; besonders in den Zentral- und Südalpen.
Laubblätter: Oval bis rundlich, plötzlich in den kurzen geflügelten Stiel verschmälert, von der Mitte an buchtig gezähnt, beiderseits klebrig und weisslich grün bis mittelgrün.
Blütenstand: Mehrblütige Dolde mit 3–10 mm langen Blütenstielen.
Blüten: Kelchblätter 5, verwachsen und hellgrün; Kelchzähne bis 2,5 mm lang; Kronblätter 5, verwachsen und violettrosa; ausgebreiteteter Teil der Kronblätter verkehrt eiförmig bis eiförmig, überwiegend keilförmig verschmälert und am oberen Ende deutlich eingeschnitten; Staubblätter 5; Fruchtknoten oberständig.
Früchte: Kapseln

116 Zwerg-Primel – Prímula mínima L.

Merkmale: Von Juni bis August blühend, 3–5 cm hoch und ausdauernd.
Standort: Von der montanen bis in die alpine Stufe in Magerrasen, Felsspalten, im Felsschutt und auf Schneeböden auf frischen bis feuchten, kalkarmen und steinigen Lehmböden; oft kleinere Teppiche bildend.
Laubblätter: 0,5–2 cm lang, ungestielt oder allmählich in einen kurzen Stiel verschmälert, dicklich fleischig, glänzend, ohne Knorpelrand, mit grossen Sägezähnen und rosettenartig gedrängt.
Blütenstand: Blüten einzeln.
Blüten: Kelchblätter 5, verwachsen und mit sehr kleinen Drüsenhaaren; Kronblätter 5, verwachsen, leuchtend rot bis rosa und mit bis zur Hälfte eingeschnittenem Kronensaum; Kronröhre innen und im Schlund weiss; Staubblätter 5; Fruchtknoten oberständig.
Früchte: Kapseln

117 Leberbalsam, Steinbalsam – Erínus alpínus L.

Merkmale: Von Juni bis Juli blühend, 5–20 cm hoch und ausdauernd.
Standort: In der subalpinen Stufe in Felsspalten, Steinrasen, Alluvionen und im Felsschutt auf kalkreichem Gestein; in die montane Stufe auch heruntergeschwemmt.
Laubblätter: In grundständiger Rosette; am Stengel schmal oval bis spatelförmig, 0,5–2 cm lang, allmählich in den kurzen Stiel verschmälert, mit kurz gezähntem Rand, vorn etwas gekerbt, zerstreut behaart und wechselständig angeordnet.
Blütenstand: Blüten einzeln in den Achseln der obersten Stengelblätter.
Blüten: Kelchblätter 5, verwachsen, fast bis zum Grund 5teilig, drüsig behaart und grünlich; Kronblätter 5, verkehrt eiförmig, im unteren Teil verwachsen, 4–6 mm lang, am Ende ausgerandet, beim Schlundeingang gelblich und flach ausgebreitet; alle 4 Staubblätter in der Kronröhre eingeschlossen; Fruchtknoten oberständig.
Früchte: Eiförmige Kapseln 3–4 mm lang und zweiklappig aufspringend.

118 Gegenblättriger Steinbrech – Saxífraga oppositifólia L.

Merkmale: Von Mai bis Juli blühend, 1–6 cm hoch und ausdauernd.
Standort: In der alpinen Stufe in Hängen, Mulden, im Steinschutt, auf Graten und an Felsen auf frischen bis feuchten, basenreichen, meist kalkhaltigen und vom Schmelzwasser durchfeuchteten Steinschuttböden.
Laubblätter: Lanzettlich bis schmal oval, 2–4 mm lang, zugespitzt, mit einem kalkausscheidenden Grübchen, bewimpertem Rand und meist gerader Spitze.
Blütenstand: Einzelblüten
Blüten: Kelchblätter 5, schmal oval, weisslich bis hellgrün und mit meist drüsenlosen Wimpern; Kronblätter 5, oval, zugespitzt, violett oder lila und mit je 5 Adern; die 10 Staubblätter mit grauvioletten Staubfäden; Staubbeutel dunkelviolett und Blütenstaub dunkelgelb; Fruchtknoten fast oberständig.
Früchte: Mehrsamige Kapseln.

119 Gletscher-Hahnenfuss – Ranúnculus glaciális L.

Merkmale: Von Juli bis August blühend, 5–20 cm hoch und ausdauernd.
Standort: In der alpinen Stufe (oft bis 4250 m.ü.M.) in offenen Steinschuttfluren, Felsspalten, Geröllhalden und auf Moränenböden auf sickerfrischen, nährstoff- und kalkarmen, mehr oder weniger rohen und lockeren Silikatschuttböden; Pionierpflanze und Schuttkriecher.
Laubblätter: Vielfach bis nahe zum Grunde dreiteilig, fleischig und dunkelgrün; Abschnitte schmal oval, zugespitzt oder stumpf und 2–5teilig.
Blütenstand: Lang gestielte Blüten einzeln oder zu mehreren angeordnet.
Blüten: Zuerst weiss, später mit rosa bis braunroter Farbe und 1–3 cm im Durchmesser; Kelchblätter meist 5 und dicht rötlichbraun behaart; Kronblätter 5; Staubblätter zahlreich; Fruchtknoten zahlreich und oberständig; Blütenboden ohne Haare.
Früchte: Nüsschen kahl und mit geradem Schnabel.

120 Grosse Bibernelle – Pimpinélla májor (L.) HUDSON

Merkmale: Von Juni bis September blühend, 30–100 cm hoch und ausdauernd.
Standort: In der montanen und subalpinen Stufe in Weiden, Hochstaudenfluren, Fettwiesen und an Lägerstellen auf frischen, nährstoff- und basenreichen, humosen und tiefgründigen Lehmböden in luftfeuchter Lage; Nährstoffzeiger; Futterpflanze nur mit mittlerem Futterwert; Pflanze mit kantig gefurchtem Stengel.
Laubblätter: Unpaarig gefiedert; Fiederblätter schmal oval, zugespitzt, ungestielt, unregelmässig gezähnt und am Grunde herzförmig bis abgerundet.
Blütenstand: Dolden mit Döldchen 1. (=20–30) und 2. Ordnung; keine Hochblätter.
Blüten: Kelchblätter 5, klein und unscheinbar; Kronblätter 5, miteinander nicht verwachsen, 1–1,5 mm lang, oval und weiss oder vielfach rosa gefärbt; Staubblätter 5; Fruchtknoten aus 2 Fruchtblättern verwachsen und unterständig.
Früchte: Trockene Spaltfrüchte, die in 2 einsamige Teilfrüchte zerfallen.

121 Purpur-Enzian – Gentiána purpúrea L.

Merkmale: Von Juli bis August blühend, 10–60 cm hoch und ausdauernd.
Standort: In der subalpinen und seltener alpinen Stufe in Magerweiden, Hochstaudenfluren, Zwergstrauchheiden und bei Alpenerlen auf frischen, basenreichen, meist kalkarmen, humosen, tonigen und lange mit Schnee bedeckten Böden.
Laubblätter: 10–25 cm lang, 5–15 cm breit, oval, ganzrandig, zugespitzt oder stumpf und 5–7aderig; Stengelblätter schmal lanzettlich.
Blütenstand: Zu 1–3 in den Achseln der oberen Blätter kopfig gehäuft.
Blüten: Kelch zweizipflig und auf der einen Seite bis fast zum Grunde tief eingeschnitten; Kronblätter verwachsen, bis weit hinunter 5–8teilig, 2–4 cm lang, purpurrot, deutlich dunkelrot punktiert und innen gelblich; die 5 Staubblätter in der Kronröhre angewachsen; Fruchtknoten oberständig und aus 2 Fruchtblättern verwachsen.
Früchte: An den verwachsenen Rändern der Fruchtblätter aufspringende Kapseln.

122 Gemeines Katzenpfötchen – Antennária dioíca (L.) GAERTNER

Merkmale: Von Juni bis Juli blühend, 5–20 cm hoch, ausdauernd, mit unterirdischen Ausläufern und zweihäusig.
Standort: In der subalpinen und alpinen Stufe in Magerrasen, Weiden, Heiden und lichten Wäldern auf trockenen bis mässig frischen und meist kalkarmen Böden.
Laubblätter: In den Rosetten schmal oval, gegen den Grund zu keilförmig verschmälert, anfangs beiderseits filzig behaart und meist im oberen Drittel am breitesten; Stengelblätter lanzettlich und weissfilzig behaart.
Blütenstand: Am Ende der Stengel 3–12 Blütenköpfe doldenartig gehäuft; Hüllblätter bei weiblichen Köpfchen dunkelrot, rosa oder seltener weiss.
Blüten: Kronblätter 5, meist fadenförmig und weisslich bis rötlich; Staubblätter 5 (nur bei männlichen Köpfchen) und Fruchtknoten unterständig (bei weiblichen Köpfchen).
Früchte: Achänen 1 mm lang und mit einem 4–10 mm langen weissen Pappus.

123 Berg-Distel – Cárduus deflorátus L. s.l.

Merkmale: Von Juli bis August blühend, 15–80 cm hoch und ausdauernd.
Standort: Von der montanen bis in die alpine Stufe in Geröllhalden, sonnigen Steinrasen, Halbtrockenrasen und trockenen Wäldern auf mässig trockenen bis frischen, meist kalkhaltigen, mehr oder weniger humosen, nährstoffreichen, lockeren und steinigen Lehm- und Tonböden; Rohbodenpionier und Bodenfestiger.
Laubblätter: Lanzettlich, ungeteilt oder stachelig gezähnt oder auch gebuchtet bis fiederteilig und gezähnt, meist beiderseits kahl, stumpf oder zugespitzt, sitzend und nur kurz am Stengel herablaufend; Stacheln nur wenig stechend.
Blütenstand: An langen Stielen einzelne, zur Blütezeit oft nickende Köpfchen.
Blüten: Pappus rauh, aber nicht federig behaart; Kronblätter 5, verwachsen, bis 2 cm lang und purpurn gefärbt; Staubblätter 5; Fruchtknoten unterständig.
Früchte: Achänen 3–5 mm lang und mit einem bis 15 mm langen Pappus.

124 Nickende Distel – Cárduus nútans L.

Merkmale: Von Juli bis August blühend, 30–120 cm hoch, ausdauernd und mit rinnigem, spinnwebwolligem Stengel.
Standort: Von der kollinen bis in die subalpine Stufe in Magerrasen, bei Schuttstellen, entlang von Wegrändern und an Böschungen auf trockenen, warmen, nährstoff- und stickstoffreichen Böden.
Laubblätter: Lanzettlich bis verkehrt lanzettlich, tief fiederschnittig und mit bis 6 cm langen Stacheln.
Blütenstand: Köpfchen 2–6 cm breit, kugelig, meist einzeln und nickend; Hüllblätter mit starren, meist zurückgebogener Stachelspitze.
Blüten: Pappus weisslich; Kronblätter 5, verwachsen, bis 2 cm lang und rot oder purpurn; Staubblätter 5; Fruchtknoten unterständig.
Früchte: Achänen blassgrün bis hellgrau, 2–4 mm lang und mit einem langen Pappus.

125 Federige Flockenblume – Centauréa nervósa WILLD.

Merkmale: Von Juli bis August blühend, 10–35 cm hoch und ausdauernd.
Standort: In der subalpinen (seltener montanen und alpinen Stufe) in Bergwiesen, Weiden, bei Gebüschen und Wildheuplanken auf mässig feuchten, nährstoff- und basenreichen, meist kalkarmen und humosen Böden.
Laubblätter: Breit lanzettlich bis schmal oval, ganzrandig oder fein buchtig gezähnt, auch bis zur Mitte fiederteilig, lang zugespitzt, im oberen Teil sitzend und im unteren Bereich der Pflanze in einen Stiel verschmälert.
Blütenstand: Am Ende der Zweige einzelne Köpfe; Hüllblätter 1–3 mm breit, gefranst und mit ihren braunen Anhängseln die grünen Teile der Hüllblätter überdeckend.
Blüten: Alle röhrenförmig; die randständigen grösser als die inneren; Kronblätter 5, verwachsen und dunkel purpurn gefärbt; Staubblätter 5; Fruchtknoten unterständig.
Früchte: Achänen 2–4 mm lang, graubraun und mit bis 3 mm langen Pappusborsten.

126 Stengellose Kratzdistel – Círsium acaúle SCOP.

Merkmale: Von Juli bis September blühend, 5–20 cm hoch und ausdauernd.
Standort: In der montanen und subalpinen Stufe in Magerrasen und Weiden auf mässig trockenen bis wechselfeuchten, meist kalkhaltigen und oft etwas steinigen Ton- und Lehmböden; Tiefwurzler; als Weidepflanze nicht gern gesehen.
Laubblätter: Schmal oval, bis nahe der Mittelader fiederteilig, steif, mit stachelig gezähnten Abschnitten, auf den Adern etwas behaart und rosettig angeordnet.
Blütenstand: Einzelner, fast ungestielter Blütenkopf; Hüllblätter lanzettlich, grün, kaum stechend und zugespitzt.
Blüten: Alle röhrenförmig; Kronblätter 5, verwachsen, bis 35 mm lang und purpurn gefärbt; Krone im oberen Abschnitt dreiteilig; Staubblätter 5; Fruchtknoten unterständig.
Früchte: Achänen 2–4 mm lang, gelblichbraun gefärbt, ohne Flecken und mit einem 2–3 mm langen Pappus.

127 Alpen-Aster – Áster alpínus L.

Merkmale: Von Juni bis August blühend, 5–20 cm hoch und ausdauernd.
Standort: In der subalpinen und alpinen Stufe in sonnigen Steinrasen, Wiesen, Weiden und an Felsbändern auf trockenen bis frischen, meist kalkhaltigen, humosen, flachgründigen und steinigen Ton- und Lehmböden.
Laubblätter: Lanzettlich bis schmal oval, mit der grössten Breite meist im oberen Drittel, ganzrandig, langsam in den Stiel verschmälert, im oberen Teil der Pflanze sitzend und an der Spitze stumpf oder abgerundet.
Blütenstand: Am Ende der Stengel 3–5 cm breite Einzelköpfchen; Hüllblätter dem Kopf anliegend, am Rande behaart und 6–12 mm lang.
Blüten: Strahlenblüten (=Zungenblüten) lanzettlich, flach, ausgebreitet, einreihig und meist blauviolett; Röhrenblüten gelblich, mit 5 Staubblättern; Fruchtknoten unterständig.
Früchte: Achänen bis 3 mm lang, etwas behaart und mit einem gelblichen Pappus.

128 Gold-Pippau – Crépis aúrea (L.) CASS.

Merkmale: Von Juni bis August blühend, 5–25 cm hoch und ausdauernd.
Standort: In der subalpinen und alpinen Stufe in Fettwiesen, Weiden, um Sennhütten, entlang von Wegen, an Lägerstellen und Schuttstellen auf frischen, nährstoff-, basen- und stickstoffreichen, neutralen bis schwach sauren, humosen und lehmigen Tonböden; guter Nährstoffzeiger.
Laubblätter: Grundständige lanzettlich bis schmal oval oder schmal verkehrt eiförmig, gezähnt bis fiederteilig, in den geflügelten Stiel verschmälert und kahl; Stengel blattlos oder mit 1–2 kleinen Blättchen.
Blütenstand: Einköpfig; Hülle bis 13 mm lang und schwarz behaart.
Blüten: Nur Zungenblüten vorhanden; diese sind rot bis orangegelb; Staubblätter 5; Fruchtknoten unterständig.
Früchte: Achänen 4–6 mm lang und bis 20rippig; Pappus 5–7 mm lang.

129 Reichdrüsiges Berufkraut – Erígeron átticus VILL.

Merkmale: Von Juli bis September blühend, 15–50 cm hoch und ausdauernd.
Standort: In der subalpinen (seltener alpinen) Stufe in steinigen Rasen, Wiesen und auf Moränen auf meist trockenen, steinigen und oft kalkarmen Böden in wärmerer Lage.
Laubblätter: Schmal oval bis lanzettlich, ganzrandig, im oberen Teil meist am breitesten, im unteren Bereich in den geflügelten Stiel verschmälert und besonders gegen den Blütenkopf zu sitzend; Hüllblätter dicht mit Drüsenhaaren besetzt.
Blütenstand: 3–10 Köpfe in einer lockeren doldenartigen Rispe vereinigt.
Blüten: Strahlenblüten (=Zungenblüten) deutlich aufrecht stehend, 3–6 mm lang und purpurn; innere randständige Blüten mit verkümmerter Zunge und daher als Fadenblüten bezeichnet; Röhrenblüten zuerst bräunlich, später gelb; Staubblätter 5; Fruchtknoten unterständig.
Früchte: Achänen 2–3 mm lang, behaart und mit einem langen Pappus.

130 Einköpfiges Berufkraut – Erígeron uniflórus L.

Merkmale: Von Juli bis September blühend, 3–10 cm lang und ausdauernd.
Standort: In der alpinen Stufe in Steinrasen und windgepeitschten Gratlagen auf wechseltrockenen bis frischen, basenreichen, meist kalkarmen, humusreichen, neutralen bis schwach sauren, flachgründigen und steinigen Lehm- und Tonböden.
Laubblätter: Grundständige schmal oval, zungen- oder spatelförmig, am Ende stumpf oder abgerundet, unterseits behaart und am Rande bewimpert; stengelständige sitzend.
Blütenstand: Stengel stets einköpfig; Hüllblätter rötlich, zugespitzt und dicht weisswollig behaart.
Blüten: Strahlenblüten (=Zungenblüten) ausgebreitet und weiss, lila oder rosa gefärbt; keine Fadenblüten vorhanden; Röhrenblüten gelblich, mit 5 verwachsenen Kronblättern; Staubblätter 5; Fruchtknoten unterständig.
Früchte: Achänen 2–3 mm lang, mit einem 3–5 mm langen Pappus und behaart.

131 Alpen-Klee – Trifólium alpínum L.

Merkmale: Von Juni bis August blühend, 5–15 cm hoch und ausdauernd.
Standort: In der subalpinen und alpinen Stufe in Weiden, Magerrasen und bei Zwergsträuchern auf meist trockenen und kalkarmen Böden in sommerwarmen Lagen.
Laubblätter: Dreiteilig und gestielt; Teilblätter lineal lanzettlich bis schmal oval, meist zugespitzt, 2–7 cm lang, mehrheitlich ganzrandig, kahl und mit der grössten Breite unterhalb der Mitte oder in der Mitte.
Blütenstand: Bis 12blütige, lang gestielte und kopfartige Traube am Ende der Stengel.
Blüten: Gestielt und duftend; Kelchblätter 5, verwachsen, grünlichweiss und kahl; Kelchzipfel sehr schmal dreieckig und kahl; Kronblätter 5, fleischrot und bis 8mal so lang wie die Kelchröhre; Fahne deutlich länger als die Flügel und das Schiffchen; Staubblätter 10; Fruchtknoten oberständig.
Früchte: Einsamige Nüsschen.

132 Jacquins Spitzkiel – Oxýtropis jacquínii BUNGE

Merkmale: Von Juli bis August blühend, 5–20 cm hoch und ausdauernd.
Standort: In der alpinen Stufe in Steinrasen, im Felsschutt, auf Graten und Schutthalden auf mässig trockenen und kalkreichen Böden.
Laubblätter: Lanzettlich bis schmal oval, unpaarig gefiedert und rötlichbraun gestielt; Teilblattpaare 13–20; Teilblätter schmal oval, zugespitzt oder stumpf und zerstreut behaart oder kahl.
Blütenstand: Lang gestielte und kugelige bis eiförmige Traube.
Blüten: Nicht oder nur kurz gestielt; Kelchblätter 5, verwachsen, rötlich und mit kurzen Haaren; Kronblätter 5, meist purpurviolett, bis 1,4 cm lang und in Fahne, Flügel und Schiffchen gegliedert; Schiffchen am vorderen Ende mit einer aufgesetzten Spitze; Fahne viel grösser als das Schiffchen; Staubblätter 10; Fruchtknoten oberständig.
Früchte: Hülsen 2–3 cm lang, zylindrisch, einfächerig und meist dunkel behaart.

133 Berg-Esparsette – Onóbrychis montána DC.

Merkmale: Von Juli bis August blühend, 10–30 cm hoch und ausdauernd.
Standort: In der subalpinen (seltener montanen) Stufe in Wiesen, Weiden, Kalkmagerrasen und Steinrasen auf sonnigen, trockenen, basenreichen, humosen und kalkreichen Böden; wertvolle Weidefutterpflanze; Tiefwurzler; Bodenfestiger.
Laubblätter: Schmal oval bis oval, unpaarig gefiedert und gestielt; Teilblattpaare 5–8; Teilblätter lanzettlich bis schmal oval, anliegend oder kurz gestielt, am oberen Ende zugespitzt, gestutzt oder abgerundet und oft mit einer aufgesetzten Spitze.
Blütenstand: Kurze, dichtblütige und lang gestielte Traube.
Blüten: Meist ungestielt; Kelchblätter 5, verwachsen und grünlich bis rötlich; Kelchzähne 2–3mal so lang wie die Kelchzähne; Krone 10–15 mm lang und purpurrot; Schiffchen meist länger als die Fahne; Staubblätter 10; Fruchtknoten oberständig.
Früchte: Hülsen 5–8 mm lang und mit bis 1,5 mm langen Zähnen.

134 Süssklee – Hedýsarum hedysaroídes (L.) SCH. u. TH.

Merkmale: Von Juli bis August blühend, 10–25 cm hoch und ausdauernd.
Standort: In der subalpinen und alpinen Stufe in Wiesen, Weiden, Wildheuplanken, lückigen Steinrasen, an Felshängen und bei Zwergsträuchern auf frischen, mehr oder weniger nährstoff- und basenreichen Böden; Pflanze mit unterirdischen Ausläufern.
Laubblätter: Oval bis rechteckig, unpaarig gefiedert und gestielt; Teilblattpaare 5–9; Teilblätter schmal oval, kurz gestielt oder anliegend, 1–3 cm lang und ganzrandig.
Blütenstand: Traube bis 35blütig und meist dunkelrot gestielt.
Blüten: Kurz gestielt und meist etwas nach unten gebogen; Kelchblätter 5, verwachsen, oval, zerstreut behaart und dunkelrot; Krone 1,5–2,5 cm lang und purpurn gefärbt; Schiffchen viel länger als die beiden Flügel und die Fahne; Staubblätter 10; Fruchtknoten oberständig.
Früchte: Gliederhülsen 15–40 cm lang, meist kahl und in einsamige Stücke zerfallend.

135 Bartschie, Braunhelm – Bártsia alpína L.

Merkmale: Von Juni bis August blühend, 10–25 cm hoch und ausdauernd.
Standort: In der subalpinen und alpinen Stufe in Wiesen, Weiden, Quell- und Flachmooren, Steinrasen und Zwergstrauchheiden auf sickerfeuchten bis nassen, basenreichen und ziemlich nährstoffreichen Böden.
Laubblätter: Eiförmig bis oval, sitzend, mit abgerundetem oder herzförmigem Grund, regelmässig gezähnt und zugespitzt; oberseits oft dunkelviolett überlaufen.
Blütenstand: Ungestielte Blüten einzeln in den Achseln der obersten Blätter.
Blüten: Kelchblätter 4, verwachsen, glockenförmig, 5–8 mm lang, mit zahlreichen Drüsenhaaren, hellgrün und mit je einem violetten Zahn; Kronblätter 5, verwachsen, drüsig behaart; 15–25 mm lang; Oberlippe helmförmig, meist ganzrandig und länger als die Unterlippe; 4 Staubblätter in der Krone eingefügt; Fruchtknoten oberständig.
Früchte: Zweiklappig aufspringende, zugespitzte und mehrsamige Kapseln.

136 Alpen-Leinkraut – Linária alpína (L.) MILLER

Merkmale: Von Juni bis August blühend, 5–15 cm hoch und meist ausdauernd.
Standort: In der alpinen (hin und wieder hinabgeschwemmt) Stufe im Felsschutt und Geröll auf frischen, basenreichen, meist kalkhaltigen, beweglichen und feinerdearmen Steinschutt- und Kiesböden; Pflanze oft kriechend.
Laubblätter: Schmal lanzettlich, am Ende meist stumpf, etwas fleischig, zu 3–5 quirlständig, bläulich bereift, sitzend; am Ende der Stengel auch wechselständig.
Blütenstand: Kurze und wenigblütige Traube am Ende der Stengel.
Blüten: Kelchblätter 5, lanzettlich, grünlich und meist weisslich berandet; Krone lang gespornt, ohne diesen Sporn 8–15 mm lang, meist violett und mit einem orangegelben Gaumen; Oberlippe am Innenrand meist weiss berandet; Unterlippe am Ende nach unten umgebogen; Staubblätter 4, in der Krone eingeschlossen; Fruchtkn. oberständig.
Früchte: Mit 4–10 Zähnen sich öffnende und bis 7 mm lange Kapseln.

137 Alpen-Ehrenpreis – Verónica alpína L.

Merkmale: Von Juli bis August blühend, 3–15 cm hoch und ausdauernd.
Standort: In der alpinen Stufe in Schneetälchen, Rasen, auf Lägerstellen und im Felsschutt auf schneefeuchten, lange vom Schnee bedeckten, mässig nährstoff- und basenreichen, meist kalkarmen, humosen und steinigen Lehm- und Tonböden.
Laubblätter: Elliptisch, eiförmig bis rundlich, kurz gestielt, 10–25 mm lang, am Ende stumpf oder zugespitzt, ganzrandig oder mit wenigen kurzen Zähnen, kahl oder zerstreut behaart und gegenständig angeordnet.
Blütenstand: Am Ende der Stengel bis 20blütige, kurze und doldenartige Traube.
Blüten: Gestielt und behaart; Kelchblätter meist 5, oval, bräunlichschwarz bis blauschwarz und bewimpert oder behaart; Kronblätter 4, oval, 4–7 mm lang und blau; Staubblätter 2; Fruchtknoten aus 2 Fruchtblättern verwachsen und oberständig.
Früchte: Vielsamige und fast kugelige Kapseln.

138 Blattloser Ehrenpreis – Verónica aphýlla L.

Merkmale: Von Juli bis August blühend, 2–6 cm hoch und ausdauernd.
Standort: In der alpinen (seltener subalpinen) Stufe in Wiesen, Weiden, Felsspalten, Schneetälchen und im Felsschutt auf frischen bis feuchten, kalkhaltigen, basenreichen, lockeren, humosen und steinigen Lehmböden; ein Wurzelkriecher.
Laubblätter: Spatelförmig bis breit oval, kurz breit gestielt, 10–20 mm lang, am Ende abgerundet, fein gezähnt und behaart; meist rosettig angeordnet und nur seltener zusätzlich am Stengel.
Blütenstand: Aus der obersten Blattachsel entspringende bis 5blütige Traube.
Blüten: Kelchblätter meist 4, schmal oval, dunkelblau bis blauschwarz und behaart; Kronblätter 4, breit oval bis rundlich, 5–8 mm lang, lila bis violett und deutlich dunkelviolett geadert; Staubblätter 2; Fruchtknoten aus 2 Fruchtblättern und oberständig.
Früchte: Vielsamige Kapseln mit scheibenförmigen Samen.

139 Felsen-Ehrenpreis – Verónica frúticans JACQ.

Merkmale: Von Juni bis Juli blühend, 5–15 cm hoch, ausdauernd, am Grunde verholzt und aufrecht oder aufsteigend.
Standort: In der subalpinen und alpinen Stufe in Weiden, steinigen Magerrasen und auf Felsbändern auf trockenen bis mässig frischen, steinigen, oft kalkarmen, humus- und feinerdearmen Steinböden; Pionierpflanze.
Laubblätter: Länglich bis oval, meist ungestielt, 15–25 mm lang, am Ende abgerundet, gegen den Grund zu verschmälert, ganzrandig oder mit wenigen Kerben, meist kahl und gegenständig.
Blütenstand: Am Ende der Zweige bis 10blütige und lockere Traube.
Blüten: Kelchblätter 4, oval und flaumig behaart; Kronblätter 4, breit oval bis rundlich, 4–7 mm lang und dunkelblau; Staubblätter 2; Fruchtknoten oberständig.
Früchte: Vielsamige Kapseln bis 9 mm lang.

140 Halbstrauchiger Ehrenpreis – Verónica fruticulósa L.

Merkmale: Von Juni bis Juli blühend, 10–20 cm hoch, ausdauernd, am Grunde verholzt und aufrecht oder aufsteigend.
Standort: In der subalpinen Stufe in Felsspalten und Schutthalden auf trockenen bis mässig frischen, lockeren und kalkreichen Schuttböden.
Laubblätter: Länglich, sehr kurz gestielt oder sitzend, 15–25 mm lang, am Ende meist abgerundet, ganzrandig bis schwach gekerbt, mehr oder weniger kahl und gegenständig angeordnet.
Blütenstand: Am Ende der Zweige bis 12blütige und ziemlich dichte Traube.
Blüten: Kelchblätter 4,schmal oval und wie die Blütenstiele drüsig behaart; Kronblätter 4, breit oval bis rundlich, 4–7 mm lang und blassrosa mit dunkleren Adern; Staubblätter 2, Fruchtknoten aus 2 Fruchtblättern und oberständig.
Früchte: Vielsamige Kapseln bis 7 mm lang.

141 Glänzende Skabiose – Scabiósa lúcida VILL.

Merkmale: Von Juli bis August blühend, 10–30 cm hoch und ausdauernd.
Standort: In der subalpinen und alpinen Stufe in Bergwiesen, Weiden, grasigen Hängen und bei Schutthalden auf mässig frischen und nährstoffreichen Böden.
Laubblätter: Grundständige und unterste Stengelblätter schmal oval, lang gestielt, gezähnt, am Ende stumpf oder zugespitzt, am Rande und auf den Adern etwas behaart und kahl; mittlere und obere Stengelblätter verschiedenartig gefiedert.
Blütenstand: Endständiges, flaches und bis 4 cm breites Köpfchen.
Blüten: Aussenkelch 1–2 mm lang, häutig und undeutlich gezähnt; Kelchborsten 4 bis 8 mm lang, auf der Innenseite mit einer kielartigen Ader und meist dunkel gefärbt; Kronblätter 5, röhrig verwachsen, 5zipflig und rot- bis blauviolett; Staubblätter 4; Fruchtknoten aus 2 Fruchtblättern verwachsen und unterständig.
Früchte: Nüsschen zylindrisch und mit 8 Furchen versehen.

142 Alpen-Vergissmeinnicht – Myosótis alpéstris F.W. SCHMIDT

Merkmale: Von Juni bis Juli blühend, 5–15 cm hoch, ausdauernd, meist mehrstengelig und mit oft hakig gekrümmten Haaren.
Standort: In der subalpinen und alpinen Stufe in Rasen und ruhendem Felsschutt.
Laubblätter: Grundständige gestielt oder sitzend; obere Stengelblätter sitzend, lineal-isch bis eiförmig und rauhhaarig; untere länglich bis verkehrt eiförmig und in einen langen Stiel verschmälert.
Blütenstand: Sehr dichter und kurzer Wickel.
Blüten: Kelch 5teilig, im unteren Teil verwachsen und stets dicht behaart; Kronblätter 5, verwachsen, 5–7 mm im Durchmesser, leuchtend himmelblau, etwas wohlriechend und am Schlundeingang mit gelben Schuppen; Staubblätter 5, in der Kronröhre eingeschlossen; Fruchtknoten aus 2 Fruchtblättern verwachsen und oberständig.
Früchte: Spaltfrüchte bis 2,5 mm lang und schwärzlich glänzend.

143 Langsporniges Stiefmütterchen – Víola calcaráta L.

Merkmale: Von Juni bis August blühend, 4–15 cm hoch und ausdauernd.
Standort: In der subalpinen und alpinen Stufe in Weiden, Schuttfluren, Schneerunsen und Magerrasen auf ziemlich lange mit Schnee bedeckten, feuchten, nährstoff- und basenreichen, neutralen, humosen und feinerdereichen Schuttböden; mit den Ausläufern den Boden festigend; Pflanze mit unterirdisch kriechenden Stengeln.
Laubblätter: Lanzettlich bis eiförmig, am Ende stumpf oder abgerundet, gestielt, mit gekerbtem Rand und meist grundständig; Nebenblätter bis halb so lang wie die Laubblätter, fiederteilig, gezähnt oder ganzrandig und oft mit jederseits 2 Zipfeln.
Blütenstand: Blüten einzeln an langen und kahlen Stielen.
Blüten: Kelchblätter 5, zugespitzt und kahl; Kronblätter 5, nicht verwachsen und violett; unterstes Kronblatt mit einem Sporn; Staubblätter 5; Fruchtknoten oberständig.
Früchte: Dreiklappig aufspringende Kapseln.

144 Kochs Enzian – Gentiána acáulis L. s.str.

Merkmale: Von Mai bis August blühend, 5–10 cm hoch und ausdauernd.
Standort: In der subalpinen und alpinen Stufe in Weiden und mageren Rasen auf frischen bis feuchten, kalkarmen, etwas sauren, oft torfigen und humosen Böden.
Laubblätter: In der Rosette elliptisch, eiförmig oder verkehrt eiförmig, in den kurzen Stiel verschmälert, am Ende stumpf oder zugespitzt, ganzrandig, mit glatter Oberfläche und bis 10 cm lang; Stengelblätter lanzettlich, zugespitzt und viel kürzer.
Blütenstand: Gestielte Einzelblüten am Ende der Stengel.
Blüten: Kelchblätter 5, verwachsen, oft bis zur Hälfte 5teilig und mit kurz zugespitzten Zipfeln; Kronblätter 5, verwachsen, eng glockenförmig, 3–7 cm lang, mit ausgebreiteten Zipfeln und meist dunkelblau; in der Kronröhre olivgrüne Längsstreifen; Staubblätter 5; Staubbeutel zu einer Röhre verklebt; Fruchtknoten oberständig.
Früchte: Mehrsamige und wandspaltige Kapseln.

145 Frühlings-Enzian – Gentiána vérna L.

Merkmale: Von April bis Mai blühend, 2–8 cm hoch und ausdauernd.
Standort: Von der montanen bis in die alpine Stufe in Weiden, Flach- und Quellmooren, Kalkmagerrasen und subalpinen Steinrasen auf mässig trockenen bis frischen, meist kalkreichen, neutralen, humosen und oft steinigen Ton- und Lehmböden.
Laubblätter: Grundständige in einer Rosette, schmal oval bis oval, mit verbreitertem Grund sitzend, am Ende abgerundet, stumpf oder zugespitzt, ganzrandig, 10–30 mm lang, matt und weich anzufühlen; Stengelblätter meist lanzettlich, zugespitzt und kürzer.
Blütenstand: Einzelblüte am Ende eines vierkantigen Stengels.
Blüten: Kelchblätter 5, verwachsen, mit geflügelten Kanten und mit je einem lanzettlichen Zipfel; Kronblätter 5, verwachsen und dunkelazurblau gefärbt; Staubblätter 5; Staubbeutel frei; Fruchtknoten oberständig und aus 2 Fruchtblättern verwachsen.
Früchte: Mehrsamige und fachspaltige Kapseln.

146 Bärtige Glockenblume – Campánula barbáta L.

Merkmale: Von Juli bis August blühend, 10–35 cm hoch und ausdauernd.
Standort: Von der montanen bis in die alpine Stufe in Weiden, lichten Wäldern und Magerrasen auf frischen, basenreichen, auch etwas sauren und mageren Ton- und Lehmböden; Pflanze mit rauhhaarigen Stengeln.
Laubblätter: Lanzettlich bis schmal oval, sitzend, gegen den Grund zu allmählich verschmälert, am Ende meist stumpf und ganzrandig oder fein gezähnt.
Blütenstand: Kurz gestielte Blüten in einer wenigblütigen und einseitswendigen Traube.
Blüten: Zuerst aufrecht, später nickend; Kelchblätter 5, im unteren Teil verwachsen, rauhhaarig und mit je einem schmal dreieckigen Zipfel; Kronblätter 5, hellblau bis blau und 15–30 mm lang; Kronröhre glockenförmig; Zipfel zurückgeschlagen und innerseits bärtig behaart; Staubblätter 5; Fruchtknoten unterständig.
Früchte: Behaarte und nach unten gebogene Kapseln sich mit 3 Löchern öffnend.

147 Rundköpfige Rapunzel – Phytéuma orbiculáre L.

Merkmale: Von Mai bis Juli blühend, 10–35 cm hoch und ausdauernd.
Standort: In der montanen und subalpinen Stufe in mageren Wiesen, Weiden, lichten Wäldern und Moorwiesen auf frischen, mageren, meist kalkreichen, humosen, neutralen und steinigen oder reinen Ton- und Lehmböden.
Laubblätter: Grundständige lanzettlich bis oval, gestielt, am Spreitengrund herzförmig oder abgerundet, am Ende stumpflich oder spitz, fein gezähnt und kahl oder etwas behaart; stengelständige etwas schmäler und besonders im oberen Bereich sitzend.
Blütenstand: 20–30blütiges Köpfchen mit ganzrandigen Hüllblättern.
Blüten: Die 5 Kelchzipfel schmal lanzettlich und 2–3 mm lang; Kronblätter 5, anfangs am Grunde und an der Spitze verwachsen, 10–15 mm lang und dunkelblau gefärbt; Staubblätter 5 und frei; Fruchtknoten unterständig und aus 3 Fruchtblättern verwachsen.
Früchte: Mit Löchern sich öffnende Kapseln.

148 Alpen-Tragant – Astrágalus alpínus L.

Merkmale: Von Juni bis August blühend, 5–15 cm hoch, mit holzigem Rhizom und ausdauernd.
Standort: In der subalpinen und alpinen Stufe in Wiesen, Weiden und Steinrasen auf mässig trockenen bis frischen, kalkreichen, neutralen, humosen und tonigen Steinböden.
Laubblätter: Unpaarig gefiedert, gestielt und mit 8–12 Paaren von Fiederblättern; Fiederblätter schmal oval, kurz gestielt, am Ende stumpf und behaart oder kahl.
Blütenstand: Ovale bis rundliche, gestielte und vielblütige Traube.
Blüten: Kelchblätter 5, verwachsen, oft etwas rötlich überlaufen und mit je einem dunkelgrün berandeten und spitzen Zipfel; Kronblätter 5, bläulichweiss und in Schiffchen, Fahne und 2 Flügel gegliedert; Staubblätter 10; Fruchtknoten oberständig.
Früchte: Hülsen 10–15 mm lang, dicht, anliegend dunkel behaart und zwischen den Samen nicht eingeschnürt.

149 Gewöhnlicher Germer – Verátrum álbum L.

Merkmale: Von Juni bis Juli blühend, 50–150 cm hoch, mit einem dicken Rhizom, im unteren Teil kahl und ausdauernd.
Standort: Von der montanen bis in die subalpine Stufe in Alpweiden, Hochstaudenfluren, Moorwiesen und bei Viehlägern auf frischen bis nassen, meist nährstoffreichen, kalkhaltigen, humosen und tiefgründigen Lehm- und Tonböden; giftiges Weideunkraut.
Laubblätter: Oval bis breit oval, sitzend, den Stengel meist bis zur Hälfte umfassend, am Ende zugespitzt, bis 20 cm lang, paralleladerig und unterseits oft etwas behaart.
Blütenstand: Reich- und dichtblütige, bis 50 cm hohe Traube.
Blüten: Perigonblätter 6, oval, 10–15 mm lang, zugespitzt, gelblichgrün und mit dunkelgrünen Adern; Staubblätter 6; Fruchtknoten oberständig.
Früchte: Kapseln aus 3 lose verwachsenen, nach innen sich öffnenden und vielsamigen Fruchtblättern bestehend.

150 Alpen-Frauenmantel, Silbermantel – Alchemílla alpína L. s.l.

Merkmale: Von Juni bis Juli blühend, 10–30 cm hoch und ausdauernd.
Standort: Von der montanen bis in die alpine Stufe in bodensauren Magerrasen, Weiden, Borstgraswiesen und zwischen Zwergsträuchern auf trockenen bis frischen, nährstoff- und basenarmen und humosen Lehmböden; nordwärts bis Grönland und Island.
Laubblätter: Grundständige 5–7teilig, gestielt und unterseits dicht silbrig glänzend behaart; Teilblätter schmal oval, sitzend, am Ende stumpf oder abgerundet und mit jederseits 2–6 spitzen Zähnen; Stengelblätter 3teilig.
Blütenstand: Kurz gestielte Blüten in dichten Knäueln.
Blüten: Innere Kelchblätter 4, oval, zugespitzt, 1–2 mm lang und meist hellgelb; äussere Kelchblätter 4, kleiner und hellgelb; ausserseits alle abstehend behaart; Staubblätter 4; 1 Fruchtknoten mit einer kugeligen Narbe.
Früchte: Nüsschen vom weichen und glatten Kelchbecher umschlossen.

151 Alpen-Wegerich, Adelgras – Plantágo alpína L.

Merkmale: Von Juni bis Juli blühend, 5–15 cm hoch, mit aufsteigenden oder aufrechten Blättern und ausdauernd.
Standort: In der subalpinen und alpinen Stufe in Magerrasen, Wiesen und Weiden auf mässig frischen bis frischen, mässig nährstoffreichen, humosen, kalkarmen, etwas sauren und steinigen Lehmböden.
Laubblätter: Lineal bis lineal lanzettlich, stielartig verschmälert, sitzend, am Ende zugespitzt, meist ganzrandig, dreiaderig, zerstreut behaart und in einer Rosette.
Blütenstand: Endständige, zylindrische und 15–30 mm lange Ähre.
Blüten: Kelchblätter 4 und bis nahe zum Grunde frei; Kronblätter 4, verwachsen, 2 bis 3 mm lang und mit je einem weisslichen Zipfel; Staubblätter 4 und gelb gefärbt; Fruchtknoten oberständig und aus 2 Fruchtblättern verwachsen.
Früchte: Kapseln bis 10samig; Verbreitung durch klebrige Samen.

152 Sternblütiges Hasenohr – Bupleúrum stellátum L.

Merkmale: Von Juli bis August blühend, 10–35 cm hoch, mit von Blattscheiden bedecktem Rhizom und ausdauernd.
Standort: In der subalpinen und alpinen Stufe in Wiesen, lückigen Magerrasen und bei Felsspalten auf trockenen, sauren und kalkarmen Böden.
Laubblätter: Grundständige lineal lanzettlich, nach dem Grunde verschmälert, am Ende stumpf oder kurz zugespitzt, 5–30 cm lang und mit unterseits deutlich hervortretender Mittelader; mittlere und obere Stengelblätter die Stengel zum Teil umfassend.
Blütenstand: Mehrere Dolden an End- und Seitensprossen; die Hochblätter 2. Ordnung meist über die Mitte verwachsen und eine leicht gewölbte gelbgrüne Hülle bildend.
Blüten: Kronblätter 5 und gelblichgrün gefärbt; Staubblätter 5; Fruchtknoten unterständig und aus 2 Fruchtblättern verwachsen.
Früchte: Spaltfrüchte; Teilfrüchte mit 5 deutlichen und etwas geflügelten Hauptrippen.

Verzeichnis der lateinischen Artsnamen

Verzeichnis der lateinischen Artsnamen

Verzeichnis der deutschen Artsnamen

Verzeichnis der deutschen Artsnamen

Verzeichnis der deutschen Artsnamen

Verzeichnis der deutschen Artsnamen

Index des noms français

Index des noms français

Index des noms français

Index of English Names

Index of English Names